불리한 건 있으나,
불가능한 건 없다!

이준명의
# 맨몸운동
## BASIC

# Prologue ─────────────

되돌아보면 정말 놀라운 일이다. 학창 시절 놀기 좋아하는 평범한 남자 아이였던 내가 '대한민국 맨몸운동 1인자'라는 수식어를 얻어 수십만 명에게 운동하는 방법을 알려주고, 열심히 하면 나처럼 될 수 있다고 응원하고 있으니 말이다.

내가 본격적으로 맨몸운동에 빠져든 건 19살에 접어들 무렵이었다. SNS에 올라온 맨몸운동 페이지를 우연히 보게 된 것이다. 모든 사람에게 말해왔지만, 단 한 명도 믿지 않는 이준명식 운동법이 그때 등장하게 된다.

풀업과 푸시업, 딥스 세 가지 동작을 400개씩 24시간 이내에 수행하는 괴물 같은 루틴을 만든 것이다. 다음 날 근육통이 오든 말든 상관없이 어떻게든 하루에 400개를 채우려 했다. 그 루틴은 약 8개월간 이어졌다. 그래야 강해지는 줄 알았다. 하지만 당연하게도 불타는 의지와는 상관없이 몸은 완전히 망가지고 있었다. 24시간 피곤하고, 뻐근함이 지속되고, 약간만 스쳐도 여기저기 아팠다. 혈기 왕성한 19살의 신체로도 감당할 수 없는 운동 강도였으니 말이다.

이때 내가 100% 몸소 체험하고 깨달은 사실은 터무니없이 개수만 채우는 무식한 운동법이 아닌 정확한 자세로 알맞은 방식을 추구하는 운동 방법을 갖춰야 한다는 것이었다. 하루 운동으로도 자극이 별로 없다면, 자세를 다양하게 바꿔보거나 운동량을 늘려서 수행하며, 다양한 방법을

Before                After

통해 나에게 맞는 루틴을 찾고 또 찾았다. 그렇게 해서 지금까지 부상 없이 맨몸운동을 지속해오고 있다.

아직도 잘못된 정보에 빠져 비효율적이고 위험한 운동을 시도하는 이들이 정말 많은 것 같다. 맨몸운동을 하고 싶어 하는 많은 이들에게 유튜브를 통해 맨몸운동 정보를 알기 쉽게 전하고 있지만, 그간 쌓아온 나의 경험과 지식을 체계적으로 정리하고 전달하기에는 한계가 느껴졌다. 그것이 이 책을 쓰게 된 이유다. 심플하면서도 가장 중요한 맨몸운동의 기본과 가치를 제대로 알려주기 위해서다.

이 책에서는 전신을 균형 있고 강인하게 단련할 수 있도록 부위별로 나눠 맨몸운동을 소개하고 있다. 누구나 따라 할 수 있는 초급 단계부터 도전 의식을 불태우는 심화 단계까지 스스로 단계를 깨고 올라가면서 진행하면 된다. 모든 단계마다 처음 시작하는 초급자는 물론 이미 꽤 많은 동작을 성공시킨 상급자에게도 도움이 되는 정확한 동작과 핵심적인 수행 방식을 담으려고 애썼다. 이 책을 보는 여러분만큼은 필자처럼 막무가내 운동법으로 몸을 혹사시키는 아픔을 겪지 않으면 한다.

맨몸운동은 내 체중을 이용하기 때문에 맨 처음 난이도를 설정하는 것이 굉장히 어렵다. 아무리 쉬워 보이는 동작이어도 무작정 따라 하다가 다치는 경우가 빈번하게 발생하는 게 바로 맨몸운동이다. 첫 단추를 제대로 꿰고 싶다면 꼭 이 책을 처음부터 끝까지 읽어주길 바란다.

이 책만으로 과연 내가 이준명처럼 될 수 있을까 의심부터 들겠지만, 단언하건대 누구든지 나처럼 될 수 있다. 아니 넘어설 수도 있을 것이다. 이 책을 통해 '대한민국 맨몸운동 1인자'를 능가하는 주인공이 되어 놀라운 인생을 경험해보길 기원한다.

끝으로 이 책이 세상에 나올 수 있도록 도와준 친애하는 정한별 대표와 김진석 감수자, 프롬더스트릿 크루들에게 감사를 전한다.

이준명

# 감수의 글

    2020년 한 설문 조사에 따르면 국내에는 10만여 개의 피트니스센터가 있다고 한다. 서비스업으로 분류되는 필라테스, 요가원을 더한다면 그 수는 더 많을 것이다. 이러한 조사를 보면 많은 이들이 신체 활동에 굉장한 관심을 쏟고 있다는 것을 알 수 있다. 크로스핏, 보디빌딩, 파워리프팅, 필라테스, 실내 암벽등반, 골프, 테니스 등 종목도 다양하다. 우리는 건강을 위해 운동을 하는 것일까? 운동이 좋아서 하는 것일까? 혹은 신체를 가꾸기 위해 운동을 하는 것일까? 당신이 운동하는 목적은 무엇인가?

    당신의 목적이 무엇이든 운동으로 건강을 해쳐서는 안 된다고 생각한다. 하지만 주변을 둘러보면 자신의 몸을 의지대로 조절하지 못한 채 운동하는 사람을 적잖게 볼 수 있다. 그런 사람은 결국 운동을 하다 부상과 마주하게 된다. 때문에 자기 몸을 원하는 대로 조절하는 능력을 갖춘다는 것은 운동에 있어 굉장히 중요한 부분이다. 그 능력이 있다면 부상의 위험을 낮추고 원하는 움직임을 만들어, 하고 있는 운동을 더 다채롭게 즐길 수 있을 것이다. 그렇다면 몸을 조절하는 능력을 익히려면 무엇을 해야 할까? 나는 맨몸운동을 적극 추천한다.

    맨몸운동은 수행자의 몸을 이용하여 훈련하도록 고안되었으며 힘과 유연성을 동시에 기르고 신체 조절 능력을 향상하는 방식을 알려준다. 맨몸운동의 다른 이름 '캘리스데닉스Calisthenics'는 그리스어에서 아름다움 또는 탁월함을 의미하는 'Kallos'와 힘을 의미하는 'Sthenos'에서 유래되었다. 강력한 군대로 유명한 스파르타 병사들도 근력과 지구력, 민첩성을 개발하기 위해 맨몸운동을 했다고 전해진다.

전반적인 체력을 강조하는 현대 피트니스 훈련의 뿌리가 되는 맨몸운동은 풀업과 스쿼트 같은 기본 동작부터 물구나무서기와 머슬업, 플란체 같은 고급 기술에 이르는 광범위한 동작을 포함하고 있다. 최근 SNS와 온오프라인 커뮤니티에서 다양한 정보가 공유되고 세계대회도 개최되며 예전보다 많은 주목을 받고 있다.

내가 맨몸운동을 처음 시작했을 땐 단순히 취미로 즐겼다. 풀업과 푸시업을 더 많이 하기 위해 훈련했고, 원하는 개수를 채운 뒤엔 머슬업, 물구나무서기, 백 레버 등 고난도 기술을 하나씩 성취해나가며 맨몸운동에 빠지게 되었다. 이후엔 스트릿 워크아웃 대회에 선수로 참가하여 입상하기도 했다. 현재는 맨몸운동을 전문화하여 맨몸운동 교육자를 양성하는 교육기관을 운영하고 있다. 이렇게 돌아보니 취미 운동인, 운동선수, 물리치료사, 교육자로서 맨몸운동과 11년간 연을 이어오고 있다. 무엇이 좋아 11년이란 세월을 함께했을까? 그 이유는 다음과 같다.

**1** 맨몸운동은 편의성과 접근성이 뛰어나다. 값비싼 장비나 체육관 회원권 없이 언제 어디서나 바로 할 수 있다는 것은 부정할 수 없는 최고의 장점이다.

**2** 맨몸운동은 여러 근육과 관절을 동시에 사용하는 특성으로 전신의 협응 능력

을 향상시킨다. 나아가 신체 인식과 균형 조절 능력을 키워주며 인간의 기능적 움직임을 개선할 수 있는 가능성도 열어준다. 또한 많은 동작들이 코어 근력을 요구하기 때문에 맨몸운동을 하다 보면 덤으로 코어 근력도 강화되는 장점이 있다.

**3** 맨몸운동은 다양한 난이도로 조절하기 쉽고 변형 동작이 광범위하다. 덕분에 늘 새로운 동작을 시도할 수 있어 반복되는 훈련의 지루함을 피할 수 있고, 근력 차이가 있는 남녀노소 누구나 자신에게 알맞은 수준으로 운동할 수 있다.

**4** 맨몸운동은 고유 수용성 감각을 향상시킨다. 고유 수용성 감각은 공간에서 자기의 신체 위치와 자세를 정확히 인지하고 신체에 들어오는 외부 정보에 반응하는 감각으로 운동에 있어 필수적인 능력이다.

**5** 맨몸운동은 한 부위만 단독적으로 사용하는 경우가 적기 때문에 신체가 골고루 발달하도록 도와준다. 이는 균형 잡힌 몸매를 만드는 데 긍정적인 영향을 끼치게 된다.

이 책은 맨몸운동 최고 권위자 이준명이 자신만의 경험과 지식을 총동원하여 맨몸운동에 쉽게 입문할 수 있도록 도와준다. 단순히 동작을 보이는 대로 해설하는 것이 아닌, 동작을 수행하는 데 어떠한 의도를 갖고 해야 하는지, 어떤 점을 주의해야 하는지에 대해 명료하게 해설한다. 이준명이 긴 시간 동안 맨몸운동을 하면서 부상이 없었던 비결도 이 책을 읽으면 자연스럽게 알게 될 것이다.

  이제 막 운동을 시작하려는 사람에게는 좋은 가이드가 되어주고, 중급자나 상급자에겐 원래 하던 동작에 대한 다른 관점을 제시해준다. 또한 책이라는 한정된 매체 안에서 최대한 많은 사람의 체형을 아우를 수 있는 자세를 안내하고자 노력한 부분이 많이 보인다. 몇몇 동작의 경우 QR코드를 통해 영상까지 제공해주니 실로 세심한 배려가 아닐 수 없다. 이 책을 통해 많은 사람이 건강하고 아름다운 몸을 부상 없이 만들길 바란다.

감수자 김진석

# CONTENTS

## CHAPTER 1
# INTRODUCTION

## CHAPTER 2
# WARM UP & STRETCHING

## >> Warm up

## >> Stretching

# CHAPTER 3
# 부위별 맨몸운동

## >> Abdominal muscles : 식스팩 복근

### Hanging leg raise  행잉 레그 레이즈

### L-sit  엘싯

### Hollow body  할로우 바디

## >> Back muscles : 역삼각 등 근육

### Pull up  풀업

## >> Shoulder muscles : 강인한 어깨

## >> Arm muscle : 완벽한 팔뚝

## >> Chest muscles : 단단한 가슴 근육

## >> Hip & leg : 탄탄한 하체

# CHAPTER 4
# 맨몸운동 심화 과정

## >> Muscle up : 머슬업

## >> Handstand : 핸드스탠드

## >> Planche : 플란체

# CHAPTER 1

## INTRODUCTION

# 맨몸운동이란?

맨몸운동은 자신의 체중을 저항으로 사용하는 운동이다. 여러 관절과 근육을 동시에 사용하는 동작들이 많으며, 난이도 조절이 쉽고, 운동 동작을 다양하게 응용할 수 있어 초보자와 전문가 모두에게 적합하다. 예를 들어 초보자라면 '무릎 대고 푸시업'을 하고 상급자라면 '플란체 푸시업'을 하면 된다. 본인의 능력에 맞게 동작의 난이도를 조절하여 수행한다면 이보다 좋은 운동은 없을 것이다.

맨몸운동은 장소에 구애받지 않으며 고가의 장비도 필요 없다. 의지만 있으면 된다. 지금 있는 그곳이 방구석이든 야외이든 상관없다. 운동이 하고 싶다면 당장 시작할 수 있다.

# 맨몸운동 전 이것만큼은 꼭 알아두자

### 1 무리한 운동보다는 충분한 휴식이 중요하다

우리가 그토록 바라는 근육은 땀 흘리며 열심히 운동하는 때가 아닌 운동 후 편안히 휴식을 취하는 시간에 성장한다. 하지만 대부분의 사람이 운동은 중요하게 여기면서도 휴식의 중요성은 간과하는 경향이 있다. 운동한 뒤에는 충분한 휴식과 영양을 공급해 몸을 회복해야 한다. 적절한 회복도 없이 계속해서 무리한 훈련을 반복 한다면 부상이 곧 당신을 찾아갈 것이다. 자신의 수행 능력에 맞지 않는 오버 트레이닝이 계속되면 오히려 수행 능력이 저하되고 근육의 성장을 늦추는 원인이 될 수 있다. 질 좋은 수면과 균형 잡힌 영양, 부상 없는 운동, 이 세 가지를 명심하고 지킬 수 있도록 노력하자.

## 2 횟수보다 동작의 정확성에 집중하자

과한 훈련은 부상을 일으키고, 부상이 무서워 훈련을 소극적으로 한다면 성장이 더뎌진다. 필자가 추천하는 방법은 동작의 정확성에 초점을 두고 운동을 꾸준히 수행하는 것이다. 만약 횟수에 초점을 둔다면 자세가 망가진 상태에서 운동할 확률이 높아지고 이는 신체 불균형과 부상을 초래할 수 있다. 꾸준히 훈련하면서 본인 기량에 대한 데이터를 쌓다 보면 자신의 한계점에 도달하거나 혹은 도달하기 전까지 딱 끊어서 훈련할 수 있게 될 것이다. 초급자일수록 본인의 수행 능력을 모르기 때문에 과하게 훈련하다가 다치는 경우가 많으니 이 점을 꼭 유의하길 바란다. 한 번의 동작이라도 정확한 방법으로 수행하는 것이 중요하다.

## 3 컨트롤 할 수 없는 속도로 하지 않는다

과도하게 빠른 속도로 동작을 수행하면 근육이 충분히 수축하고 이완하는 것을 방해할 수 있다. 적정한 템포로 동작을 실행해야 안전하고 정확하게 할 수 있다. 제한 시간 내에 최대 횟수를 채워야 하는 상황이 아니라면 근육이 충분히 수축하고 이완할 수 있도록 조절 가능한 속도로 운동하자.

## 4 자신의 운동 수준 이상의 동작을 하지 않는다

맨몸운동의 특성상 손목과 어깨같이 약한 관절들을 자주 사용하기 때문에 무리한 동작 시 부상에 노출될 확률이 굉장히 높다. 또한 무리한 동작을 훈련하게 된다면 올바른 자세로 수행할 확률은 현저히 낮아진다. 그러므로 자신의 수준에 크게 벗어나지 않는 범위에서 훈련하길 바란다.

맨몸운동은 주로 손발을 고정한 채 몸통을 움직이는 닫힌 사슬 운동이며 다관절 운동이다. 동작을 수행할 때, 하나의 관절을 잘못 움직이면 주변 관절까지 영향을 주게 된다. 이는 곧 전체적인 운동 자세를 망가뜨리는 부정적인 결과를 초래할 수 있다. 절대로 처음부터 고난이도 동작을 수행하지 말길 바란다. 낮은 단계부터 안내된 주의 사항을 최대한 지켜서 운동하길 당부한다. 부상은 나의 성장에 가장 큰 적이다.

## 5 반드시 워밍업을 하고 본 운동을 시작한다

워밍업은 부상을 피하기 위한 예방주사다. 귀찮고 단순해 보이는 과정이지만, 워밍업을 통해 관절과 근육에 열을 발생시켜 몸을 준비시켜야 한다.

## 6 사소한 신체 불균형에 과도하게 몰입하지 말자

필자를 비롯하여 수많은 사람이 불균형을 갖고 있다. 하물며 육체미를 중요시하는 보디빌더 또한 불균형이 있다. 인간이라면 신체 불균형이 있을 수밖에 없다. 그 불균형이 일상생활이나 운동 중에 불편함과 통증을 유발할 정도가 아니라면 너무 스트레스 받지 말자. 다만 운동하는 영상을 찍어 좌우 불균형이 심한 상태로 동작을 수행하진 않는지 종종 체크하자.

# 맨몸운동, 하루에 얼마나 해야 할까?

보통 맨몸운동에서는 하나의 동작을 10~20회 반복하는 것이 일반적이다. 또한 일주일에 2~3회 실시하고 운동 시간은 30분에서 1시간 정도를 권장한다.

푸시업을 예로 들어보자. 20회를 1세트로 하며, 짧게는 30초, 길게는 3분 정도 쉰 뒤 다시 2~3세트를 추가로 하면 된다.

개인의 스케줄, 컨디션 회복의 수준, 운동 기량에 따라 더 자주, 오랜 시간 운동해도 되고, 더 적은 양을 짧게 해도 된다. 운동을 시작할 때는 자신의 체력과 근력 수준에 맞게 횟수와 빈도를 조절하여 천천히 시작하자. 이후 몸이 적응하면 점차 횟수와 빈도를 늘리면 된다.

이 책에서는 각 운동마다 단계별로 참고할 수 있는 맨몸운동 진행 단계표를 수록하였다. 표를 기준으로 자신의 수준에 맞게 운동 시간을 계획해보자.

### 운동을 처음 시작한 초보자

처음 맨몸운동을 시작했다면 주 2~3회, 2~3개의 동작을 1~3세트, 1~20회 하는 것을 추천한다. 관절과 인대가 맨몸운동에 적응하기 전까지는 안전하게 훈련하는 것을 권장한다. 만약 어떤 동작을 1개밖에 하지 못했다면 1개씩 5세트를 해도 좋다. 꾸준히 한다면 조금씩 나아질 것이다. 중요한 것은 하고자 하는 마음이다.

### 맨몸운동을 3개월 이상 꾸준히 한 사람

맨몸운동을 3개월 동안 꾸준히 한 사람이라면 데이터가 많이 쌓였을 것이다. 주 2~4회, 동작의 제한, 세트 수, 동작 횟수 모두 본인의 기량에 맞게 만들어보길 바란다.

# 맨몸운동에 유용한 도구

맨몸운동을 시작하는 초급자는 물론 상급자 역시 도구의 도움을 받으면 좀 더 효과적으로 동작을 연습할 수 있다. 서너 가지만 갖춰도 충분한 맨몸운동 도구에 대해 알아보고 그것을 활용해 시너지 효과를 얻어보자.

### 푸시업 바

푸시업이나 플랑체 등과 같이 엎드린 자세로 수행하는 동작을 할 때 사용하는 보조 도구다. 손목에 통증을 느끼는 사람은 푸시업 바를 사용하면 통증 완화에 도움이 될 수 있다. 어려운 동작의 난이도를 조절할 때 활용해도 좋다.

머슬가드 푸시업 바

### 의자

평소 집에서 사용하는 의자는 물론 식탁, 책
상, 소파 등 다양한 가구로 대체해도 된다.
푸시업의 난이도를 조절할 때, 의자를 이용
한 딥스Dips를 할 때도 사용할 수 있다.

### 딥스 바

딥스를 위해 만들어진 도구지만 거꾸로 로우
등을 할 때도 유용하게 쓰인다. 양쪽에 탄력
밴드를 걸어 응용하면 효과는 배가 된다.

바벨라토르 딥스 바

### 탄력 밴드

워밍업과 스트레칭을 할 때 유용하다. 또한
모든 구간에서 장력을 느낄 수 있기 때문에
저항을 줄이거나, 저항을 늘리는 용도로 활
용할 수 있다.

머슬가드 탄력 밴드

# CHAPTER 2

/

# WARM UP & STRETCHING

# Warm up

운동 시작 전 항상 Warm up을 진행해주길 바란다. 운동에 자신 있다 하더라도 처음부터 차근차근 해 보자. 본 운동에 들어가기 전, 몸을 예열하는 과정이 반드시 필요하다. Warm up 단계가 누군가에겐 본 운동이 될 수도 있다. 만약 Warm up 챕터를 힘들게 따라 했다면 쉬워질 때까지 Warm up의 동작 들을 본 운동으로 해도 좋다.

## ≫ 손목 운동

**1** 무릎을 꿇고 손으로 바닥을 짚는다.

**2** 땅을 지그시 누르며 손바닥 아랫부분을 띄워준다. 손가락은 그대로 바닥에 둔다.

**TIP**

자신의 근력 수준에 맞게 난이도를 조
절할 수 있다. 2번 동작을 하며 중심을
앞으로 밀어주면 난이도가 높아진다.
중심을 뒤로 밀어주면 난이도가 낮아
진다. 내 능력에 맞게 조절해보자.

중심을 앞으로 → 난이도 Up          중심을 뒤로 → 난이도 Down

**3** 체중을 버티며 천천히 손바닥 아랫부분을 바닥으로
내려준다.

# » 목 돌리기

**1** 고개를 위아래로 풀어준다.

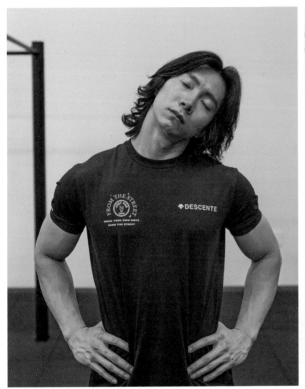 

**2** 고개를 좌우로 부드럽게 돌린다.

**TIP**

무리하지 말고, 적당한 범위 안에서 목을 움직여준다.

## ≫ 벽 푸시업

**1** 양손을 어깨너비보다 한 뼘 정도 넓게 벌려 가슴 높이의 벽을 짚는다.

**2** 팔을 굽혀 가슴이 벽에 닿기 직전까지 붙였다가 다시 밀어내는 느낌으로 팔을 펴며 제자리로 돌아온다. 10회 반복한다.

## » 밴드 운동 1

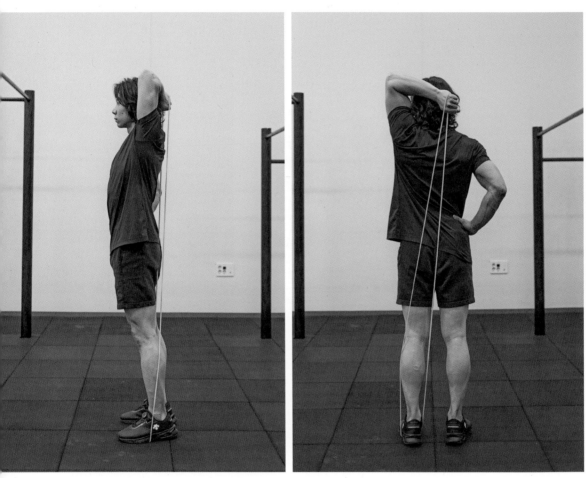

**1** 밴드를 왼발로 밟은 뒤 왼손으로 쥐어 머리 뒤로 당긴다.

**TIP**

밴드 대신 500㎖ 물병을 사용해도 된다. 팔꿈치가 과도하게
흔들리지 않도록 팔꿈치 고정에 신경 쓴다.

**2** 굽혀진 팔꿈치를 펴고 접으며 10회 반복한다. 반대쪽도 똑같이 한다.

## >> 밴드 운동 2

**1** 밴드를 적당한 곳에 고정한 뒤 양손으로 잡는다.

**2** 밴드 잡은 양손을 골반 옆으로 벌린다.

**3** 양팔을 바깥으로 쭉 편 상태에서 몸통 양옆으로 들어올려 만세 한다. 다시 몸통 양옆으로 천천히 내려
제자리로 돌아온다. 10회 반복한다.

## >> 한 발로 다리 올리기

**1** 양손으로 허리를 잡고 서서 한쪽 무릎을 접는다.

수행 중 골반이 좌우로 빠지지 않도록 한다. 또한 몸이 중심을 잃지 않도록 주의하며, 한 발로 서기 힘든 사람들은 지지할 수 있는 구조물의 도움을 받는다.

**2** 접은 무릎을 골반 높이까지 천천히 들어 올리고 1번 자세로 돌아온다. 이 때 접은 무릎은 펴지 않는다.10회 반복한다. 반대쪽도 똑같이 한다.

## ≫ 까치발 들기

**1** 벽을 잡고 바로 선다.

발뒤꿈치를 들었다 내려놓으면서 한 번은 안쪽 세로활 쪽으로, 다른 한 번은 바깥쪽 세로 활 쪽으로 수행한다.

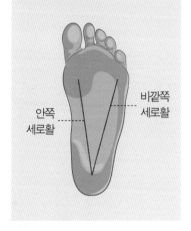

안쪽
세로활

바깥쪽
세로활

**2** 발뒤꿈치를 들었다 다시 내려놓는다. 안쪽 세로활 쪽으로 5회, 바깥쪽 세로활 쪽으로 5회 반복한다.

# Stretching

운동을 했다면 스트레칭을 절대 등한시하지 말라. 운동이 끝난 후 또는 스트레칭만 하는 날을 정해서 꼭 해주길 바란다. 근육과 관절의 유연성과 가동 범위를 확보하는 것은 운동 수행 능력에 긍정적인 영향을 주고, 부상 방지에도 많은 도움을 준다. 다만 스트레칭을 할 때 통증이나 불편한 느낌이 오는 범위까지 과도하게 늘이는 것은 오히려 부상을 유발할 수 있다. 근육이 긴장되는 범위까지만 늘여주도록 하자. 동작당 10~30초 정도 유지하고, 다음 동작으로 넘어가자.

## >> 어깨 스트레칭 1

앞쪽 어깨와 상완이두근을 주로 늘여주는 동작이다.

**1** 바닥에 편하게 앉아 무릎을 세운 다음 양손은 엉덩이 뒤쪽을 짚는다.

**TIP**

팔을 뒤로 너무 많이 보내면, 어깨 관절이 과도하게
늘어나 무리를 줄 수 있으니 주의하자. 한 번에 많
이 늘이지 말고 서서히 늘이도록!

**2** 그 자세에서 조금씩 손을 뒤로 보내 몸에서 멀어진 다음 10~30초 유지한다.

## >> 어깨 스트레칭 2

뒤쪽 어깨와 상완삼두근을 늘여주는 동작이다.

**TIP**

상완삼두근과 팔꿈치 사이를 눌러주는 것이 중요하다.

**1** 왼팔을 오른쪽으로 수평으로 뻗고 오른팔로 왼팔을 감싸 몸 쪽으로 누른다. 고개는 왼쪽을 본다. 10~30초 유지한 다음 반대편도 똑같이 한다.

# ≫ 팔꿈치 스트레칭

팔꿈치를 압박하여 관절을 감싸는 관절주머니를 늘여주는 동작이다.

**1** 책상에 양 팔꿈치가 닿도록 팔을 올린다.

**2** 천천히 몸을 숙여 양팔을 지그시 누른다.

**TIP**

높이가 있는 책상이나 의자를 활용한다.
과도하게 압박하면 오히려 부상을 유발
할 수 있으니 조금씩 천천히 압박한다.

# >> 손목 앞쪽 스트레칭

손목 앞쪽과 아래팔 앞쪽 근육들을 늘여주는 동작이다.

**1** 무릎 꿇고 엎드려서 손가락이 내 몸 쪽을 향하게끔 바닥을 짚는다.

**2** 팔을 편 상태에서 무게 중심을 엉덩이 쪽으로 조금씩 이동시키며 스트레칭한다.

## TIP

손바닥이 바닥에서 뜨지 않을 정도까지만 무게 중심을 이동시킨다.
손목에 과하게 무게를 싣지 않도록 주의한다.

# ≫ 손목 뒤쪽 스트레칭

손목 뒤쪽과 아래팔 뒤쪽 근육들을 늘여주는 동작이다.

**1** 무릎 꿇고 엎드려서 손등은 바닥에, 손가락은 내 몸 쪽을 향하게 짚는다.

**2** 팔을 편 상태에서 무게 중심을 엉덩이 쪽으로 조금씩 이동시키며 스트레칭한다.

## TIP

팔꿈치 안쪽이 정면을 보도록 외회전시킨 상태에서 한다. 손등이 바닥에서 뜨지 않는 정도만 무게 중심을 이동하면 된다. 손목에 과하게 무게를 싣지 않도록 주의한다.

## ≫ 목 스트레칭

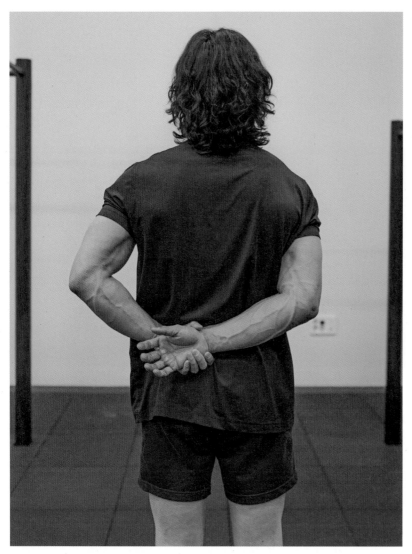

**1** 뒷짐을 진 상태에서 왼손으로 오른쪽 손목을 잡고 살짝 당긴다.

**TIP**

모든 스트레칭은 과도하게 진행하지 않는다. 사진에 나온 정도로만 해도 충분히 시원해지는 게 느껴질 것이다.

**2** 왼쪽으로 고개를 조금씩 숙여 스트레칭 한다. 반대쪽도 똑같이 한다.

# ≫ 가슴 스트레칭

대흉근과 어깨 앞쪽을 늘여주는 동작이다.

**1** 철봉 왼편에 서서 오른손으로 머리보다 조금 더 높이 철봉을 잡는다.

**2** 왼발만 한 발 앞으로 내디딘다. 그 상태에서 왼발에 무게를 조금씩 실어주며 스트레칭한다.

**TIP**

대흉근은 아래처럼 3가지 위치에서 모두 늘여주는 것이 좋다. 다만 어깨 관절에 무리가 갈 수 있으니 과하게 늘이지 않도록 주의하자.

**3** 철봉 잡은 오른손을 머리 위치까지 내려서 다시 한번 똑같이 스트레칭한다.

**4** 철봉 잡은 오른손을 허리 옆까지 내려서 다시 한번 똑같이 스트레칭한다. 반대쪽도 똑같이 한다.

## ≫ 배 스트레칭

복근을 비롯하여 몸통 앞쪽을 늘여주는 동작이다.

**1** 푸시업 자세에서 몸에 힘을 빼고, 가슴과 배를 바닥에 붙여준다.

**2** 팔과 가슴을 펴주면서 상체를 위로 밀어 올린다. 고개도 함께 올린다.
10~30초 유지한다.

## TIP

어깨가 말리지 않도록 한다. 허리에 병
력이 있거나 통증이 있으면 이 동작은
생략하자.

## >> 옆구리 스트레칭

광배근을 비롯하여 몸통 옆쪽을 늘여주는 동작이다.

**1** 오른손으로 키보다 높은 철봉을 잡고 선다. **2** 왼발을 오른발의 오른쪽으로 옮겨 딛는다.

체중을 너무 많이 실어서 매달리면
어깨 관절에 무리가 갈 수 있으니
주의한다.

**3** 왼발로 중심을 잡고 오른발의 중심은 풀어주면서 옆구리를
늘인다. 10~30초 유지한 다음 반대쪽도 똑같이 한다.

# >> 골반 앞쪽 스트레칭

대퇴사두근과 장요근, 복직근을 늘여주는 자세다.

**1** 발끝을 세워 무릎을 꿇은 다음 양손은 몸 뒤로 보내 바닥을 짚는다.

**2** 고개를 뒤로 젖혀 누운 자세를 만든 뒤 골반을 천천히 들어 올린다. 10~30초 유지한다.

**TIP**
발가락이 아픈 사람은 발등을 땅에 두어도 된다.

# >> 허벅지 스트레칭

앞에 있는 다리는 내전근과 햄스트링, 뒤에 있는 다리는 대퇴사두근과 장요근을 늘여주는 동작이다.

**1** 바닥에 양반다리로 앉아 양손은 다리 앞쪽 바닥을 짚은 다음 한쪽 다리를 뒤로 쭉
뻗는다. 10~30초 유지한 다음 반대쪽도 똑같이 한다.

## TIP

자세를 만들기만 해도 내전근, 햄스트링, 장요근이 시원해지는 것을 느낄 수 있을 것이다. 자세가 어려우니
사진을 잘 보고 동일하게 만들어보자. 골반이 비스듬하게 틀어지지 않고 정면을 보게 한다.

# ≫ 발목 스트레칭

발목의 안쪽과 바깥쪽을 늘여주는 동작이다.

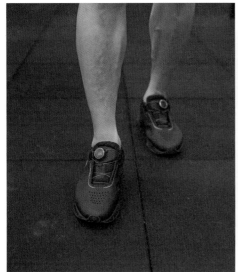

**1** 똑바로 서서 한쪽 발을 앞으로 내디딘다.

**2** 발바닥을 보여주듯이 바깥으로 발목을 꺾는다.

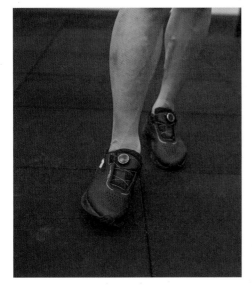

**3** 안쪽으로 발목을 꺾는다.

**TIP**

발목을 늘일 땐 부상 위험이 크니 특히 주의해서 서서히 늘이도록 한다.

# >> 종아리 스트레칭

비복근과 가자미근을 늘여주는 자세다.

**1** 기둥이나 철봉을 잡고 선다.

## TIP

발뒤꿈치가 바닥에서 떨어지면 안 된다. 기둥이나 철봉을 잡지 않아도 상관은 없지만, 무언가를 잡고 하는 것이 조금 더 안정적이다.

**2** 오른발을 한 걸음 뒤로 보낸 뒤 오른쪽 다리를 곧게 편다. 10~30초 유지한 다음 반대쪽도 똑같이 한다.

# CHAPTER 3

## 부위별 맨몸운동

# Abdominal muscles

## 식스팩 복근

# 식스팩 복근을 위한 맨몸운동 진행 단계

## Hanging leg raise

### 1단계
### Seated knee up

20회씩 5세트, 세트당 1분 휴식
성공하면 2단계 시작

### 2단계
### Hanging knee raise

15회씩 5세트, 세트당 1분 30초 휴식
성공하면 완성 단계 시작

COMPLETED

### 완성
### Hanging leg raise

최종목표 :
10회씩 5세트, 세트당 1분 휴식

## L-sit

### 1단계
### Seated leg raise & Hold

15회씩 5세트, 세트당 1분 휴식
성공하면 2단계 시작

### 2단계
### One leg L-sit

12회씩 5세트, 세트당 1분 30초 휴식
성공하면 완성 단계 시작

COMPLETED

### 완성
### L-sit

최종목표 :
30초 버티기

# Hollow body

## 1단계

### Upper body hollow & Hold

30초씩 5세트, 세트당 1분 휴식
성공하면 2단계 시작

## 2단계

### Upper body hollow

20초씩 5세트, 세트당 1분 휴식
성공하면 완성 단계 시작

## 완성

### Hollow body

최종목표 :
20초씩 5세트, 세트당 1분 휴식

# Hanging leg raise
## 행잉 레그 레이즈

식스팩을 원하는 사람이라면 한 번쯤은 해봤을 동작이다. 이 동작은 철봉에 매달려 단순히 다리를 들어 올리고 내리는 데서 끝나지 않는다. 다리를 들어 올림과 동시에 골반을 후방경사해야 한다. 골반을 후방경사하는 이유는 허리와 다리의 힘이 아닌 복근을 사용하기 위해서다. 복근을 사용하지 않고, 다리만 들어 올리게 되면 하체와 허리의 힘을 더 많이 쓰게 되어 허리에 무리를 줄 수 있다.

## 시작 전, 이준명이 알려줄게

**1** 다리를 올리며 골반의 후방경사를 유지한다.

**2** 동작을 수행하며 사진처럼 골반이 전방경사되지 않도록 주의한다.

**3** 과도한 반동을 사용하여 동작을 수행하지 않
도록 집중한다.

**4** 다리를 내리는 동작에서 복근의 힘이 부족하
여 허리가 과하게 쭉 펴지지 않아야 한다.

**5** 운동 속도가 빨라지면 안 된다. 일정한 리듬을
유지하며 동작을 수행하자.

---

## 초급자는 이것부터 연습하자

허리와 하체의 힘이 아닌 복근을 사용하기 위해서
는 골반을 후방경사해야 한다. 아래 동작을 연습
하자.

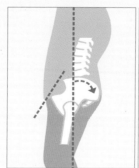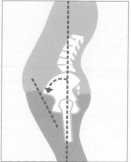

골반 후방경사       골반 전방경사

# >> 1단계
## Seated knee up 시티드 니 업

**1** 바닥에 앉아 양손을 몸 뒤로 짚고 양발은 붙여서 앞으로 뻗는다.

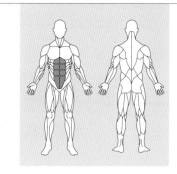

**2** 무릎을 구부리며 가슴 쪽으로 당겨준다.

**TIP**

복근을 수축하여 골반을 후방경사하
는 것이 포인트다.

# >> 2 단계
## Hanging knee raise 행잉 니 레이즈

**1** 철봉에 매달린 뒤 두 다리를 나란히 모은다.

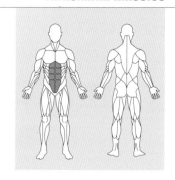

**2** 다리를 뒤로 접은 다음 무릎을 가슴 쪽으로 당겨준다.

# ≫ 완성

## Hanging leg raise 행잉 레그 레이즈

**1** 철봉에 매달린 뒤 두 다리를 나란히 모은다.

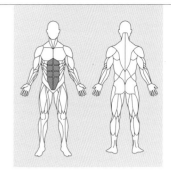

**TIP**

엉덩이가 뒤로 빠질 수 있으나 자연스러운
움직임이기 때문에 신경 쓰지 않아도 된다.

**2** 무릎을 곧게 편 상태에서 골반을 후방경사하며 다리를 들어 올린다.

# L-sit
## 엘싯

움직이지 않고 근육을 수축하여 버티는 동작으로 큰 인내심이 필요하다. 또한 복근뿐만 아니라 광배근, 상완삼두근, 전거근, 대퇴사두근 등 다양한 근육들이 쓰이는 동작이기 때문에 보기보다 신경 써야 할 부분이 많다.

## 시작 전, 이준명이 알려줄게

**1** 시작 자세에서 손바닥이 골반 위치보다 살짝 앞에 있어야 한다.

**2** 버티는 동안 등이 말리고 어깨가 들려서 목이 내려오는 것을 경계한다. 광배근을 사용하여 어깨를 아래로 누른다. 바닥으로부터 엉덩이를 띄우는 것이 중요 포인트다.

**3** 복근을 사용하여 골반의 후방경사를 유지해야
한다.

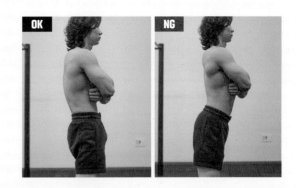

**4** 유연성이 부족한 사람은 무릎을 다 펴지 않아
도 된다.

---

## 초급자는 이것부터 연습하자

바닥으로부터 엉덩이를 띄우는 동작이 어려울 수 있다. 의자에서 일어나는 연습부터 해보자.

**1** 의자에 앉아 양손으로 엉덩이 옆 부분을 짚는다.

**2** 골반의 후방경사를 유지하며 복근에 힘을 주
어 엉덩이를 띄운다.

# >> 1단계
## Seated leg raise & Hold 시티드 레그 레이즈

**1** 다리를 쭉 펴고 바닥에 앉은 뒤 손은 다리 옆에 둔다.

**2** 골반을 후방경사시킨 상태에서 한쪽 다리를 가슴 높이까지 들어 올린다. 그대로 2~3초 버티고 내린다.

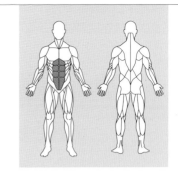

**3** 반대쪽 다리도 똑같이
한다.

**TIP**

근력이 부족하여 버티지 못한다면 들어 올리고 바로 내려놓는 방법으로
수행하면 된다. 근력이 늘어남에 따라 버티는 시간을 더 늘려보자.

# >> 2 단계
## One leg L-sit 원 레그 엘싯

**1** 다리를 쭉 펴고 바닥에 앉은 뒤, 손바닥을 골반보다 살짝 앞에 둔다.

**2** 골반의 후방경사를 유지한 상태에서 광배근을 사용하여 바닥을 힘껏 밀어 엉덩이를 띄우며 한쪽 다리를 가슴 높이까지 들어 올린다. 5~10초 정도 버티고 내린다.

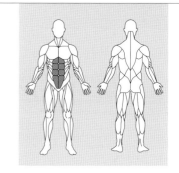

**3** 반대쪽 다리도 똑같이
한다.

## TIP

동작이 어려우면 도구의 도움을 받는다. 의자를 두거나 발판을 두고 수행한다. 높이가 높아진 만큼 엉덩이
를 띄우려 애쓰지 않아도 될 것이다. 다만 이 상태에서 골반의 후방경사를 유지하지 않고 다리를 들어 올리
면 허리에만 부담이 가게 된다. 그러니 손의 위치가 높아져도 앞서 배운 자세를 계속 유지하려고 신경 써야
한다.

# >> 완성
## L-sit 엘싯

**1** 다리를 쭉 펴고 바닥에 앉은 뒤, 손바닥을 골반보다 살짝 앞에 둔다.

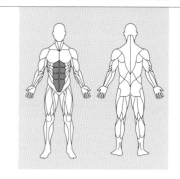

**2** 엉덩이와 두 다리를 골반 높이까지 들어 올린 뒤 그대로 버틴다.

## TIP

허벅지에 쥐가 나려 하면 무릎을 굽힌다.
팔이 짧아서 혹은 복근의 힘이 부족해
서 몸통을 바닥에서 띄우지 못한다면
도구를 활용하자.

# Hollow body
## 할로우 바디

보기에는 쉬워 보일지 몰라도 막상 해본다면 자신의 나약함과 마주하게 될 것이다. 할로우 바디 동작이 쉬워진다면 팔이나 다리에 무게를 추가하여 수행하거나 시소처럼 위아래로 흔들어도 좋다.

### 시작 전, 이준명이 알려줄게

**1** 할로우 바디는 부드러운 바닥 혹은 매트가 깔린 상태에서 한다.

**2** 복근을 사용하여 골반의 후방경사를 유지해야 한다.

## 초급자는 이것부터 연습하자

웅크린 자세에서 버티는 연습부터 해보자.

**1** 바닥에 누워 고개를 들고 양손으로 무릎을 감 싸 안아 웅크린 자세를 만든다.

**2** 무릎을 감싼 양손을 아래로 쭉 뻗으며 무릎이 풀리지 않도록 그대로 버틴다.

# >> 1단계
## Upper body hollow & Hold 상체 할로우 바디

**1** 양팔은 X자로 가슴 앞에 모아주거나 사진처럼 몸 위쪽으로 뻗는다. 이때 가슴 부분은 오목하게 만들고 등 윗부분은 땅에서 띄운다.

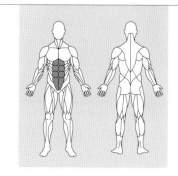

**2** 그대로 고개와 상체를 들어 올린다. 하체는 바닥에서 띄우지 않는다. 그대로 2~3초 버티고 내린다.

# ≫ 2 단계
## Upper body hollow 만세 할로우 바디

**1** 만세 자세로 바닥에 눕는다. 가슴 부분은 오목하게 만들고 등 윗부분은 땅에서 띄운다.

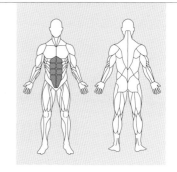

**2** 그대로 고개와 상체를 들어 올린다. 하체는 바닥에서 띄우지 않는다.

# >> 완성
## Hollow body 할로우 바디

**1** 만세 자세로 바닥에 눕는다. 가슴 부분은 오목하게 만들고 등 윗부분은 땅에서 띄운다.

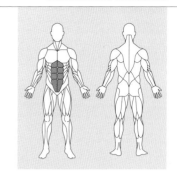

**2** 허리와 엉덩이를 땅에 붙인 상태로 상체와 다리를 바닥에서 띄운다. 그리고 자세를 유지한다.

# Back muscles
## 역삼각 등 근육

# 역삼각 등 근육을 위한 맨몸운동 진행 단계

| Pull up | Superman raise |
|---|---|

**1단계**

## Scapula pull up

12개씩 5세트, 세트당 1분 휴식
성공하면 2단계 시작

**1단계**

## Assist superman raise

12회씩 5세트, 세트당 1분 휴식
성공하면 완성 단계 시작

**2단계**

## Jump pull up

10개씩 5세트, 세트당 2분 휴식
성공하면 완성 단계 시작

 **완성**

## Superman raise

최종목표 :
20회씩 5세트, 세트당 1분 30초 휴식

 **완성**

## Pull up

최종목표 :
7회씩 5세트, 세트당 2분 휴식

# Reverse leg raise

### 1단계

## Reverse one leg raise

12회씩 5세트, 세트당 1분 휴식
성공하면 완성 단계 시작

### 완성

## Reverse leg raise

최종목표 :
24회씩 5세트, 세트당 1분 30초 휴식

# Inverted row 1

### 1단계

## Leg assist inverted row

8회씩 5세트, 세트당 2분 휴식
성공하면 완성 단계 시작

### 완성

## Inverted row 1

최종목표 :
7회씩 5세트, 세트당 1분 30초 휴식

# Pull up
## 풀업

3대 맨몸운동 중 하나인 풀업. 풀업만큼 완벽한 등 운동은 없다. 하지만 잘못된 자세로 하게 될 경우 어깨와 팔꿈치, 허리에 통증이 올 수 있으니 안내 사항을 꼼꼼히 읽고 정확한 자세로 실시하자.

## 시작 전, 이준명이 알려줄게

**1** 팔로 당기는 풀업을 주의하자.

**2** 만세를 했을 때 가슴이 들리거나 팔이 끝까지 올라가지 않는 사람은 어깨 유연성을 먼저 확보하자.

**3** 가슴이 과하게 들리지 않도록 한다.

**4** 철봉을 당길 때 아래팔이 철봉과 수직을 유지
해야 한다. 턱을 거는 것에 집착하지 마라.

**5** 허리가 과도하게 꺾이면 안 된다.

**6** 철봉을 당길 때 팔꿈치가 양손 밖으로 넘어가
면 안 된다.

**7** 철봉의 높이가 낮다면 무릎을 접어도 좋다.
다만 고관절을 과도하게 펴거나, 접지 않아야
한다.

**8** 대흉근과 소흉근이 짧아져 가슴 여는 것이 힘든 사람
은 50쪽 가슴 스트레칭을 참고해 연습하자.

## 초급자는 이것부터 연습하자

턱걸이 동작에 들어가기 전에 견갑골을 자유롭게
움직일 줄 알아야 한다. 견갑골 전인, 후인, 거상,
하강하는 법을 연습하자.

견갑골 전인          견갑골 후인

견갑골 거상          견갑골 하강

# >> 1단계

## Scapula pull up 스캐퓰러 풀업

**1** 철봉에 매달려 몸을 축 늘어뜨린다. 이때 철봉을 과하게 잡지 않는다. 또한 다리를 일자로 쭉 펴서 반듯한 자세를 만든다.

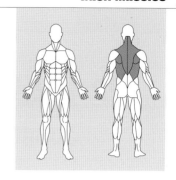

**2** 귀와 어깨 사이가 멀어지도록 견갑골을 하강시킨다. 이때 가슴은 열어준다. 이후 다시 제자리로 돌아온다.

# >> 2 단계
## Jump pull up 점프 풀업

**1** 양발로 바닥을 딛고 양손으로 철봉을 잡는다.

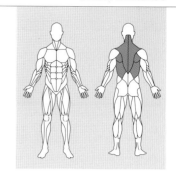

**2** 그대로 점프하면서 철봉을 가슴 가까이 당긴다.

**3** 자세를 유지하며 아주 천천히 내려온다. 팔이 다 펴질 때쯤 천천히 몸을 늘어뜨린다.

# >> 완성

## Pull up 풀업

**1** 양발로 바닥을 딛고 양손으로 철봉을 잡는다.

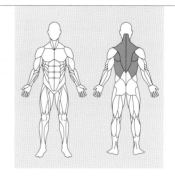

**2** 팔꿈치를 아래로 끌어내리는 느낌으로
철봉을 가슴 가까이 당긴다.

**3** 내려올 때는 근육의 긴장을 유지하면서
천천히 팔을 편다.

# Superman raise
## 슈퍼맨 레이즈

슈퍼맨이 괜히 등 근육이 좋은 것이 아니다. 그가 날아다니는 모습을 보면 이유를 알 수 있다. 이 동작은 허리를 과도하게 신전하지 않고 가슴을 열어 등 근육을 올바르게 사용하는 것이 중요 포인트다. 허리에 통증이 있는 사람은 하지 않는 것이 좋다.

### 시작 전, 이준명이 알려줄게

**1** 목과 허리를 과도하게 뒤로 젖히지 마라.

**2** 다리를 과도하게 올리지 않는다.

**3** 반동이 들어가지 않도록 해라.

**4** 동작을 반복하고 있는 중에는 가슴과 발이 계
속 바닥에서 떠 있어야 한다.

## 초급자는 이것부터 연습하자

뒷짐을 지고 가슴을 들어 올리는 연습부터 해보자. 다리를 땅에 붙이고 수행하기 때문에 쉽게 할 수 있을 것이다.

**1** 바닥에 엎드린 상태에서 뒷짐을 진다.

**2** 다리를 땅에 붙인 상태에서 가슴을 들어준다.

# ≫ 1단계
## Assist superman raise 어시스트 슈퍼맨 레이즈

**1** 만세 자세로 바닥에 엎드린다.

**Back muscles**

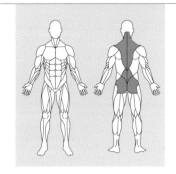

**2** 다리는 그대로 바닥에 두고 가슴을 들어 올린다.

**TIP**
본인의 근력에 맞게 들어 올리는 가슴의 높이를 조절하자.

# » 완성

## Superman raise 슈퍼맨 레이즈

**1** 만세 자세로 바닥에 엎드린다.

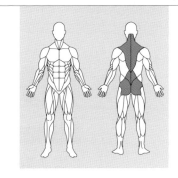

**2** 척주기립근을 사용해 다리를 들어 올리면서 동시에 가슴도 들어 올린다.

**TIP**
본인의 근력에 맞게 가슴을 들어 올리는 높이를 조절하자.

## ≫ 심화
# Superman raise progression
### 반복 슈퍼맨 레이즈

**1** 만세 자세로 바닥에 엎드린다.

**2** 상체와 하체를 바닥으로부터 살짝 띄운다.

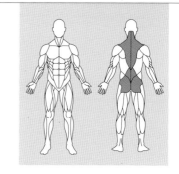

**3** 2번 상태를 기준으로 상체와 하체를 더 높이 띄우고, 다시 2번으로 돌아간다. 2번~3번 과정을 반복한다.

**TIP**

상체와 하체를 띄우고 내리는 동작을 반복하는 중에는 상체와 하체가 바닥에 닿지 않도록 한다.

# Reverse leg raise
## 리버스 레그 레이즈

슈퍼맨 들기와 비슷한 동작이다. 차이점이 있다면 척주기립근에 초점을 둔다는 것이다. 동작 수행 시 발뒤꿈치를 엉덩이 높이까지 들어주는 것이 포인트다.

**시작 전, 이준명이 알려줄게**

**1** 뒤꿈치가 엉덩이보다 과하게 높아질 경우 허리에 무리를 줄 수 있다.

**2** 양다리를 모으고, 쭉 뻗어서 동작을 수행하자.

## 초급자는 이것부터 연습하자

초급자는 척주기립근이 약할 수 있으니 더 낮은 단계부터 연습해보자.

**1** 양다리를 모으고 무릎을 구부린 자세에서 다리를 드는 연습을 한다. 허리에 무리가 갈 수 있으니 다리를 너무 높게 올리지 않는다.

# >> 1단계
## Reverse one leg raise 리버스 원 레그 레이즈

**1** 책상 위에 엎드린 자세에서 상체가 흔들리지 않도록 양팔로 고정한다.

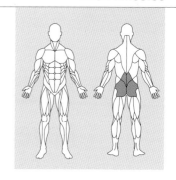

**2** 다리를 한 쪽씩 교차하며 엉덩이 높이까지 들었다 내린다.

# >> 완성
## Reverse leg raise 리버스 레그 레이즈

**1** 책상 위에 엎드린 자세에서 상체가 흔들리지 않도록 양팔로 고정한다.

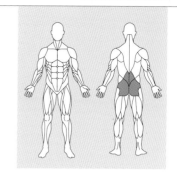

**2** 두 다리를 모으고 엉덩이 높이까지 들어 올린다.

# Inverted row 1
## 인버티드 로우 1

이준명의 역사는 식탁 밑에서 하던 인버티드 로우에서 시작됐다. 인버티드 로우 동작은 강한 근력이 필요하다. 한 번 시도해보고 되지 않는다면 더 강해져서 만나자. 허리를 과도하게 신전시키고 골반이 앞으로 기울어지는 것을 조심하여 수행하길 바란다.

**시작 전, 이준명이 알려줄게**

**1** 수행 중에 허리와 골반이 접히거나 과도하게 신전되지 않도록 한다. 늘 골반의 중립을 유지한다.

**2** 어깨와 귀 사이의 거리가 좁아지지 않도록 한다.

### 초급자는 이것부터 연습하자

견갑골 후인과 전인을 반복하여 등 근육의 감각을 익혀보자.

**1** 책상 아래에 누운 뒤 팔을 뻗어 책상에 매달린다. 이때 양손의 간격은 어깨너비보다 한 뼘 정도 넓게 한다. 무릎은 90도로 굽힌다. 골반의 중립을 유지해준다.

**2** 팔을 편 상태에서 견갑골 후인과 전인을 반복한다.

# >> 1단계
## Leg assist inverted row
### 레그 어시스트 인버티드 로우

**1** 책상 아래에 누운 뒤 팔을 뻗어 책상에 매달린다. 무릎을 90도로 굽히고 골반의 중립을 유지해준다.

**2** 가슴이 책상에 닿을 수 있도록 팔꿈치를 뒤로 당겨준다. 굽힌 팔꿈치의 각도가 45도~80도 범위 내에 있어야 한다.

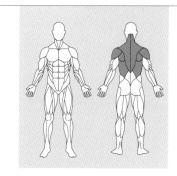

**3**    천천히 시작 자세로 돌아온다.

# ≫ 완성
## Inverted row 1 인버티드 로우 1

**1** 책상 아래에 누운 뒤 팔을 뻗어 책상에 매달린다. 다리를 곧게 펴고 골반의 중립을 유지해준다.

**2** 가슴이 책상에 닿을 수 있도록 팔꿈치를 뒤로 당겨준다. 굽힌 팔꿈치의 각도가 45도~80도 범위 내에 있어야 한다.

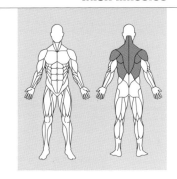

**3** 천천히 시작 자세로 돌아온다.

# Shoulder muscles
## 강인한 어깨

# 강인한 어깨를 위한 맨몸운동 진행 단계

## Pike push up

### 1단계
**Pike push up**

12회씩 5세트, 세트당 2분 휴식
성공하면 2단계 시작

### 2단계
**Feet elevated
pike push up**

10회씩 5세트, 세트당 2분 휴식
성공하면 완성 단계 시작

COMPLETED
### 3단계
**Wall handstand
push up**

최종목표 :
8회씩 5세트, 세트당 2분 휴식

## Pseudo push up

### 1단계
**Wall pseudo push up**

15회씩 5세트, 세트당 1분 휴식
성공하면 2단계 시작

### 2단계
**Knee pseudo push up**

12회씩 5세트, 세트당 1분 휴식
성공하면 완성 단계 시작

COMPLETED
### 완성
**Pseudo push up**

최종목표 :
10회씩 5세트, 세트당 1분 30초 휴식

# Inverted row 2

## 1단계

### Stand inverted row

15회씩 5세트, 세트당 1분 휴식
성공하면 2단계 시작

## 2단계

### Assist inverted row

12회씩 5세트, 세트당 1분 휴식
성공하면 완성 단계 시작

## 완성

### Inverted row 2

최종목표 :
10회씩 5세트, 세트당 1분 30초 휴식

# Pike push up
## 파이크 푸시업

일반 푸시업의 응용 동작으로 난이도가 높다. 1단계를 따라 해보고 아직 되지 않는다면 일반 푸시업으로 더 많은 근력을 키우고 오도록 하자. 일반 푸시업은 가슴 근육에 초점을 두지만 파이크 푸시업은 어깨 근육에 초점을 둔다. 어깨 근력이 부족하면 파이크 푸쉬업을 수행할 때 어깨의 정확한 움직임을 만들지 못할 수 있으며 동시에 부상을 초래할 수 있다. 본인의 수준에 맞는 단계부터 수행하길 바란다.

## 시작 전, 이준명이 알려줄게

**1** 동작을 수행할 때 머리를 바닥에 부딪치지 않도록 조심하자.

**2** 상완삼두근보다 어깨 근육을 집중적으로 사용해서 밀어야 한다.

**3** 동작 수행 시 귀와 어깨 사이의 공간이 좁아져선 안 된다.

**4** 양손의 너비가 너무 좁거나 넓어서는 안 된다. 어깨너비에서 반 뼘에서 한 뼘 정도만 더 벌린다.

**5** 팔꿈치가 과도하게 움직이면 안 된다. 스쿼트를 할 때 무릎이 흔들리면 안 되는 것처럼 파이크 푸쉬업도 그렇다.

**6** 골반의 중립을 유지하여 허리가 과도하게 신전되는 것을 조심한다.

### 초급자는 이것부터 연습하자

초급자는 1단계 파이크 푸시업을 시도하기 전에 푸시업 15~20개 정도를 정확한 자세로 완성시켜보자.

# >> 1단계
## Pike push up 파이크 푸시업

**1** 양손을 어깨너비보다 한 뼘 정도 넓게 벌려 바닥을 짚고, 양발은 모아서 발끝으로 선다. 엉덩이를 위로 들어 올려 몸을 ㅅ자로 만든다. 땅을 짚은 손바닥과 어깨는 일직선이 되고 시선은 바닥 또는 발등을 향한다.

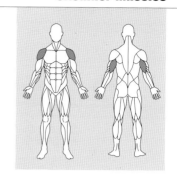

**2** 팔을 굽혀 머리가 바닥에 닿기 전까지 천천히 내려갔다가 바닥을 밀어 팔을 펴면서 올라온다.

**TIP**

동작을 하는 동안 목을 뒤로 젖히면 안 된다. 또한 팔을 굽히고 펼 때 팔꿈치는 최대한 고정시킨다.

# >> 2 단계
## Feet elevated pike push up
### ㄱ자 파이크 푸시업

**1** 책상이나 계단에 발을 올리고 양손으로 바닥을 짚어 몸을 ㄱ자로 만든다. 이때 허리는 일직선을 유지한다.

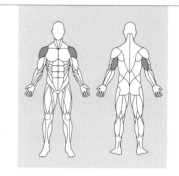

**2** 팔을 굽혀 머리가 바닥에 닿기 전까지 천천히 내려갔다가 바닥을 밀어 팔을 펴면서 올라온다.

**TIP**

허리가 과하게 신전되면 허리 통증을 유발할
수 있으니 주의하자.

# >> 3 단계
## Wall handstand push up 벽 핸드스탠드 푸시업

**1** 양손을 어깨너비보다 한 뼘 정도 넓게 벌려 바닥을 짚고, 한 발만 벽에 기대 물구나무선다. 이때 허리는 일직선을 유지하도록 한다.

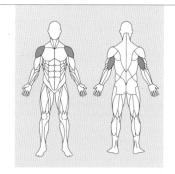

**TIP**

허리가 과하게 신전되면 허리 통증을 유발할 수 있으니 주의하자. 난이도를 높이고 싶다면 푸시업 바를 사용하거나 손바닥 아래에 물건을 쌓아 더 깊이 내려가도록 하자.

**2** 팔을 굽혀 머리가 바닥에 닿기 전까지 천천히 내려갔다가 다시 팔을 펴면서 올라온다.

# Pseudo push up
## 슈도 푸시업

맨몸운동 끝판왕, 플란체를 위한 보조 훈련으로도 알려져 있는 슈도 푸시업은 그만큼 난이도가
높은 동작이다. 반드시 단계별로 연습하고, 충분한 근력이 길러졌을 때 완성 동작을 시도하길 바
란다.

## 시작 전, 이준명이 알려줄게

**1** 몸을 앞으로 기울이는 과정에서 손목이 과하
게 꺾일 수 있기 때문에 손바닥의 방향이 일반
푸시업과 다르게 사이드 포지션이 되도록 한
다. 엄지가 12시 방향에 있도록 짚는다.

**2** 일반 푸시업 자세에서 발가락으로 바닥을 밀
어내 기울기를 만든다. 이때 몸이 기우는 각도
는 자신의 어깨가 버틸 수 있는 만큼만 만든다.

**3** 상체가 내려갔다 올라올 때 머리 위치가 바뀌
지 않도록 기울기를 일정하게 유지한다. 또한
어깨와 귀 사이의 거리를 최대한 많이 확보해
야 한다.

**4** 동작을 수행할 때 팔꿈치가 과도하게 벌어지
지 않도록 한다.

138

**5** 시작 자세에서 팔을 굽힐 때 위팔이 아주 약간 안쪽으로 회전이 된다. 이때 안쪽 회전이 과도하게 일어나면 안 된다.

**6** 팔을 굽혔다 펼 때 견갑골이 과도하게 뒤로 튀어나오거나 모이지 않게 견갑골이 전인된 상태를 유지해야 한다.

## 초급자는 이것부터 연습하자

슈도 푸시업에 들어가기에 앞서 견갑골의 움직임을 알아야 한다. 견갑골 전인 훈련인 스캐퓰러 푸시업을 연습해 보자.

### ≫ Scapula push up 스캐퓰러 푸시업

**1** 양손을 가슴 양옆 바닥에 두고, 푸시업 자세를 잡는다. 견갑골을 후인시킨다.

**2** 팔을 편 상태에서 가슴을 오목하게 넣으며 견갑골을 전인시킨다. 어깨와 귀 사이의 거리가 좁아지지 않도록 주의하자.

# >> 1 단계
## Wall pseudo push up 벽 슈도 푸시업

**1** 양 발을 나란히 모으고 양손은 가슴 아래 정도 위치의 벽에 사이드포지션으로 짚은 다음 뒤꿈치를 들어 몸을 벽에 기울인다.

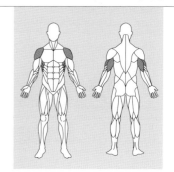

**TIP**

바닥이 아닌 벽에서 하는 것일 뿐 모든 자세와 방식은 기울이기
푸시업과 똑같이 연습한다.

**2** 팔을 굽혀 얼굴이 벽에 닿기 직전까지 상체를 벽 가까이 붙인 다음 제자리
로 돌아온다.

# >> 2 단계
## Knee pseudo push up 니 슈도 푸시업

**1** 무릎을 바닥에 대고 양손은 가슴 아래 위치에 두고 어깨너비보다 반 뼘에서 한 뼘 정도 넓게 짚는다. 양발은 가지런히 모아 위로 든다.

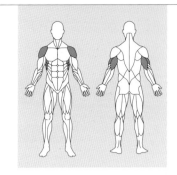

**2** 팔을 굽혀 얼굴이 바닥에 닿기 직전까지 상체를 숙인다.

# >> 완성

## Pseudo push up 슈도 푸시업

**1** 바닥에 엎드려 양손은 가슴 아래 위치에 두고 어깨너비보다 반 뼘에서 한 뼘 정도 넓게 짚는다. 양발은 가지런히 모아 앞꿈치로 세운다.

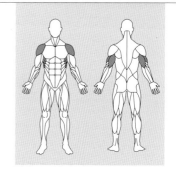

**2** 팔을 굽혀 얼굴이 바닥에 닿기 직전까지 상체를 숙인 다음 제자리로 돌아온다.

**TIP**

기울이기 푸시업은 모든 체중을 어깨에 실어야 하기 때문에 어깨, 손목, 손가락에 부상이 올 수 있다. 반드시 1단계와 2단계에서 충분한 근력을 확보한 뒤 완성 단계를 수행하기 바란다.

# Inverted row 2
## 인버티드 로우 2

원래 이 동작은 등 근육을 사용한다. 하지만 견갑골의 움직임을 제한하고 팔꿈치의 위치를 조정해주면, 등 근육이 아닌 후면삼각근을 사용하는 동작으로 바뀌게 된다. 링을 사용하는 운동이지만 식탁 혹은 의자로 대체할 수 있다. 전신을 사용하고, 크기가 작은 근육에 속하는 뒤쪽 어깨세모근을 주로 사용하기 때문에 동작을 수행하기에 힘이 부족하거나 시작 자세를 만드는 것이 난해할 수 있다. 동작을 수행하기 어렵다면 영상의 도움을 받아보자.

## 시작 전, 이준명이 알려줄게

**1** 팔꿈치가 견갑골과 동일한 높이거나 더 높아지면 부상의 위험이 있다. 팔을 접는다는 느낌보다는 팔꿈치를 뒤로 당겨 몸이 위로 올라가는 느낌으로 수행한다.

**2** 허리가 과도하게 신전되지 않도록 한다. 허리는 중립 상태를 유지한다.

**3** 견갑골을 최대한 움직이지 않도록 한다. 또한 귀와 어깨의 거리가 좁혀지지 않도록 어깨를 아래로 내려준다.

**4** 동작을 수행하는 동안 코어에 긴장이 풀리지 않도록 한다.

---

## 초급자는 이것부터 연습하자

후면삼각근의 감각을 익힐 수 있는 아래 동작부터 연습하자.

**1** 엎드린 상태에서 팔을 양옆으로 쭉 편다.

**2** 견갑골을 최대한 고정시킨 뒤, 팔을 들고 내리는 동작을 20~30회 반복한다.

# >> 1단계
## Stand inverted row 스탠드 인버티드 로우

**1** 철봉을 잡고 팔을 쭉 뻗으며 뒤로 살짝 눕듯이 선다. 양손 간격은 어깨너비
보다 한 뼘 정도 넓게 한다.

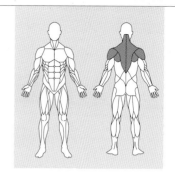

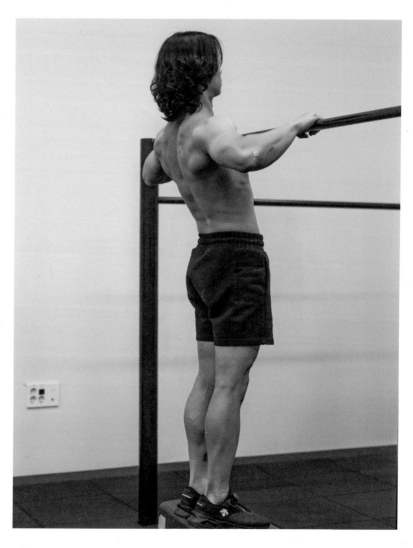

**2** 팔꿈치를 뒤로 보낸다는 느낌으로 철봉을 당겨 상체를 바로 세운다.

# >> 2 단계
## Assist inverted row 어시스트 인버티드 로우

**1** 철봉 또는 링을 잡고 팔을 쭉 뻗으며 양발을 앞으로 보낸 후 뒤로 눕는다.

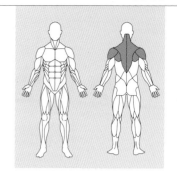

**2** 몸을 일으키듯이 팔을 당긴다. 이때 무릎은 굽힌 상태를 유지한다.

## >> 완성
# Inverted row 2 인버티드 로우 2

**1** 철봉 또는 링을 잡고 팔을 쭉 뻗으며 몸을 45도 각도로 눕힌다.

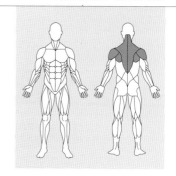

**2** 몸을 일으키듯이 팔을 당긴다. 이때 다리는 쭉 편 상태를 유지한다.

# >> 심화

## Decline inverted row 디클라인 인버티드 로우

**1** 철봉 또는 링을 잡고 팔을 쭉 뻗으며 몸을 눕힌 다음 양발을 발판 또는 의자에 올린다.

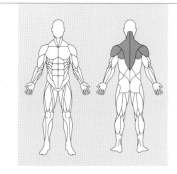

**2** 몸을 일으키듯이 팔을 당긴다. 이때 다리는 쭉 편 상태를 유지한다.

# Arm muscles
## 완벽한 팔뚝

# 완벽한 팔뚝을 위한 맨몸운동 진행 단계

## Elbow push up

### 초급자

## Wall elbow push up

20회씩 5세트, 세트당 1분 휴식
성공하면 1단계 시작

### 1단계

## Knee elbow push up

15회씩 5세트, 세트당 1분 휴식
성공하면 완성 단계 시작

COMPLETED

### 완성

## Elbow push up

10회씩 5세트, 세트당 1분 휴식
성공하면 심화 단계 시작

## Narrow push up

### 1단계

## Incline narrow push up

15회씩 5세트, 세트당 1분 휴식
성공하면 2단계 시작

### 2단계

## Knee narrow push up

12회씩 5세트, 세트당 1분 휴식
성공하면 완성 단계 시작

### 완성

## Narrow push up

10회씩 5세트, 세트당 1분 30초 휴식
성공하면 심화 단계 시작

| **Calisthenics curl** | **Chin up** |
|---|---|

### 초급자
## Standing calisthenics curl
20회씩 5세트, 세트당 1분 휴식
성공하면 1단계 시작

### 1단계
## Chin up hold
20초씩 5세트, 세트당 1분 휴식
성공하면 2단계 시작

### 1단계
## Seated calisthenics curl
15회씩 5세트, 세트당 1분 휴식
성공하면 완성 단계 시작

### 2단계
## Chin up negative
10회씩 5세트, 세트당 1분 휴식
성공하면 완성 단계 시작

COMPLETED

### 완성
## Calisthenics curl
10회씩 5세트, 세트당 1분 휴식
성공하면 심화 단계 시작

COMPLETED

### 완성
## Chin up
8회씩 5세트, 세트당 1분 휴식
성공하면 심화 단계 시작

# Elbow push up
## 엘보 푸시업

상완삼두근의 사용을 극대화하는 푸시업이다. 시작 자세에서 손바닥 아랫면으로 바닥을 강하게 밀어 팔꿈치를 펴는 것이 중요하다. 플랭크 자세에서 시작하기 때문에 복부에도 긴장을 늦춰선 안 된다.

### 시작 전, 이준명이 알려줄게

**1** 동작을 수행하며 팔꿈치를 과도하게 옆으로 벌리지 않는다.

**2** 골반 중립 자세를 유지한다.

**3** 귀와 어깨 사이의 공간이 좁아지지 않도록 한다.

**4** 준비 자세에서 어깨가 팔꿈치보다 위에 있으면 안 된다. 팔꿈치에 너무 많은 체중이 실려 부상에 노출되기 쉽다. 팔꿈치의 위치가 어깨보다 높아지면 체중이 덜 실리고, 팔꿈치와 어깨가 수직에 가까워질수록 체중이 더 많이 실리게 된다.

**5** 양손의 간격을 최소한 어깨너비만큼 벌린다.

**6** 근력에 자신 있다고 해도 엘보 푸시업만큼은
초급자 단계부터 해보고 다음 단계로 넘어가자.

## 초급자는 이것부터 연습하자

초급자는 팔꿈치를 어깨보다 위에 두고 실시하는 벽 엘보 푸시업부터 연습하자.

### ≫ Wall elbow push up 벽 엘보 푸시업

**1** 발을 몸통보다 뒤에 두고, 팔꿈치가 어깨보다
높아지도록 팔을 든 다음 손바닥으로 벽에 기
댄다.

**2** 천천히 팔을 굽히며 팔꿈치를 벽에 붙인다. 손
바닥으로 벽을 밀어내며 팔을 편다.

# >> 1 단계
## Knee elbow push up 니 엘보 푸시업

**1** 양손을 어깨너비만큼 벌려 어깨보다 앞쪽의 바닥을 짚고, 두 다리를 모아 무릎을 꿇고 엎드린다. 골반은 중립을 유지한다.

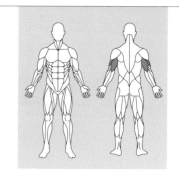

**2** 팔꿈치를 굽혀 바닥에 닿도록 한 뒤 손바닥으로 바닥을 밀어내며 굽혀진 팔을 편다.

## TIP

벽 엘보 푸시업은 쉽게 되지만 1단계가 안 되는 사람은 시작 자세에서 팔꿈치의 위치를 조금 더 앞으로 보내 수행해 보자.

# >> 완성
## Elbow push up 엘보 푸시업

**1** 양손을 어깨너비만큼 벌려 어깨보다 앞쪽의 바닥을 짚고 엎드린다. 골반은 중립을 유지한다.

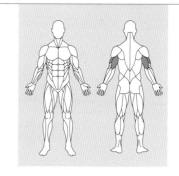

**2** 팔꿈치를 굽혀 바닥에 닿도록 한 뒤 손바닥으로 바닥을 밀어내며 굽혀진 팔을 편다.

### TIP

근력 수준에 맞게 팔꿈치와 어깨의 위치를 바꾸어 스스로 난이도를 조절하길 바란다. 팔꿈치가 어깨보다 뒤로 갈수록 난이도가 높아진다.

# ≫ 심화
## Decline elbow push up 디클라인 엘보 푸시업

**1** 양손을 어깨너비만큼 벌려 어깨보다 앞쪽의 바닥을 짚고 엎드린다. 이때 발밑에 발판을 두어 높이를 올린다.

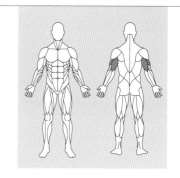

**2** 팔꿈치를 굽혀 바닥에 닿도록 한 뒤 손바닥으로 바닥을 밀어내며 굽혀진 팔을 편다.

## TIP

발판보다 더 높은 의자에 발을 올리고
수행해보자. 조금 더 강한 자극을 느낄
수 있을 것이다.

# Narrow push up
## 내로우 푸시업

푸시업 자세에서 양손의 간격이 어깨보다 좁은 푸시업이다. 양손의 간격이 어깨너비 정도 또는 그 이상이 되면 가슴 근육을 주로 사용하게 되고, 어깨너비보다 좁아지면 상완삼두근을 주로 사용하게 된다. 양손의 간격이 너무 좁으면 손목 안쪽에 통증을 유발할 수 있으니 본인의 근력에 맞게 간격을 조절하길 바란다.

### 시작 전, 이준명이 알려줄게

**1** 바닥을 짚을 때는 양손의 엄지와 검지로 삼각형을 만든다.

**2** 체중이 손바닥 전체에 실려야 한다.

**3** 동작할 때, 팔꿈치가 뒤로 빠지거나 벌어지지 않도록 한다.

**4** 골반의 중립을 유지해 허리를 일자로 둔다.

**5** 손목의 유연성이 좋지 않다면 양손의 간격을 좀 더 넓혀주고, 손목 안쪽에 통증이 생긴다면 상체를 조금 덜 굽히도록 하자.

## 초급자는 이것부터 연습하자

초급자들은 양손의 간격을 조절하며 벽 내로우 푸시업을 먼저 연습하자.

### ≫ Wall narrow push up 벽 내로우 푸시업

**1** 양손의 간격을 어깨보다 좁게 하여 벽에 대고 선다.

**2** 천천히 팔을 굽히며 벽에 닿기 직전까지 가슴을 내리고 손바닥으로 벽을 밀어내며 굽혀진 팔을 편다.

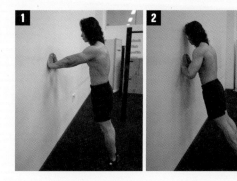

# >> 1단계

## Incline narrow push up 인클라인 내로우 푸시업

**1** 양손을 어깨너비보다 좁게 벌려 발판이나 의자를 짚고 엎드린다.

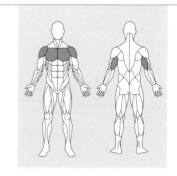

**2** 천천히 팔을 굽혀 가슴이 발판이나 의자에 닿기 직전까지 내린 다음 손바닥으로 바닥을 밀어내며 굽혀진 팔을 편다.

# >> 2 단계
## Knee narrow push up 니 내로우 푸시업

**1** 양손을 어깨너비보다 좁게 벌려 바닥을 짚고, 두 다리를 모아 무릎을 꿇고 엎드린다.

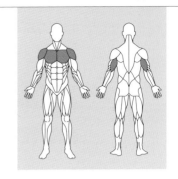

**2** 천천히 팔을 굽혀 가슴이 바닥에 닿기 직전까지 내린 다음 손바닥으로 바닥을 밀어내며 굽혀진 팔을 편다.

**TIP**

손바닥으로 바닥을 밀고 올라올 때, 팔을 펴는 마지막 구간에서 상완골을 살짝 외회전 시켜준다.

# >> 완성

## Narrow push up 내로우 푸시업

**1** 양손을 어깨너비보다 좁게 벌려 바닥에 엎드린다.

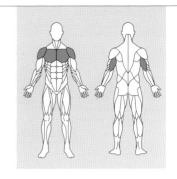

**2** 천천히 팔을 굽혀 가슴이 바닥에 닿기 직전까지 내린 다음 손바닥으로 바닥을 밀어내며 굽혀진 팔을
편다.

# >> 심화

## Decline narrow push up 디클라인 내로우 푸시업

**1** 양손을 어깨너비보다 좁게 벌려 바닥에 엎드린다. 이때 발밑에 발판을 두어 높이를 올린다.

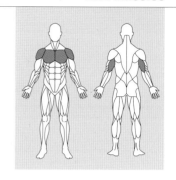

**2** 천천히 팔을 굽혀 가슴이 바닥에 닿기 직전까지 내린 다음 손바닥으로 바닥을 밀어내며 굽혀진 팔을 편다.

## TIP

팔꿈치에 체중이 더 실리는 동작인 만큼 안전을 위해 주의 사항을 더 철저하게 지키도록 하자.

# Calisthenics curl
## 맨몸 컬

맨몸으로 상완이두근을 자극할 수 있다고? 진짜? 그렇다. 믿기지 않겠지만 덤벨 없이 충분히 할 수 있다. 다만 난이도가 결코 낮지 않으니 근력 수준에 맞게 단계별로 진행하도록 하자. 팔꿈치가 고정된 상태에서 동작을 수행하는 것이 가장 중요하다.

## 시작 전, 이준명이 알려줄게

**1** 양손을 어깨너비보다 넓게 벌리지 않는다.

**2** 악력(손으로 잡는 힘)을 과하게 사용하지 않는다.

**3** 손목을 과하게 구부리지 않는다.

**4** 동작 시 팔을 끝까지 펴지 않고 끝까지 굽히지도 않는다. 80~120도 내에서 움직이도록 한다.

## 초급자는 이것부터 연습하자

맨몸 컬을 시작하기 전 초급자는 아래 스탠딩 맨몸 컬로 먼저 단련해보자.

### ≫ Standing calisthenics curl 스탠딩 맨몸 컬

**1** 왼손으로 오른쪽 손목을 잡는다.

**2** 왼손은 아래로 눌러주고, 오른손은 저항을 이겨내며 팔꿈치를 굽혀준다. 반대쪽도 똑같이 한다. 이때 팔꿈치가 앞뒤로 움직이지 않도록 잘 고정하자. 너무 가볍게 올라오거나 너무 어렵게 올라오지 않도록, 바닥으로 밀어주는 손의 힘을 잘 조절해야 한다.

# >> 1단계
## Seated calisthenics curl 시티드 맨몸 컬

**1** 책상 밑에 얼굴만 넣고 무릎을 세워서 앉은 다음 양손으로 책상 상판을 잡고 팔을 쭉 뻗어 몸을 눕힌다.

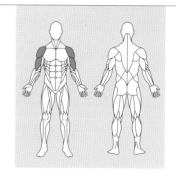

**2** 팔꿈치가 좌우로 흘들리지 않도록 고정한 상태에서 손바닥을 아래로 누르며 팔을 굽혀 상체를 든다.

# >> 완성
## Calisthenics curl 맨몸 컬

**1** 책상 밑에 얼굴만 넣고 다리를 쭉 뻗어 누운 다음 양손으로 책상 상판을 잡고 팔을 쭉 뻗어 몸을 일으킨다.

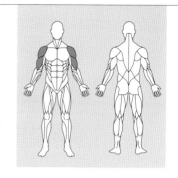

**2** 팔꿈치가 좌우로 흔들리지 않도록 고정한 상태에서 손바닥을 아래로 누르며 팔을 굽혀 상체를 든다.

### TIP

완성 단계부터는 코어 근육의 개입이 많아지기 때문에 코어 힘이 부족해서 자세가 만들어지지 않는다면 복근 운동을 통해 충분한 근력을 쌓고 오길 바란다.

# >> 심화
## Decline calisthenics curl 디클라인 맨몸 컬

**1** 책상 밑에 얼굴만 넣고 다리를 쭉 뻗어 누운 다음 양손으로 책상 상판을 잡고 팔을 쭉 뻗는다. 이때 발 밑에 발판을 두어 높이를 올린다.

184

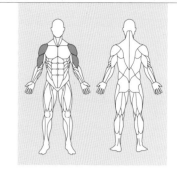

**2** 팔꿈치가 좌우로 흔들리지 않도록 고정한 상태에서 손바닥을 아래로 누르며 팔을 굽혀 상체를 든다.

## TIP

발밑에 발판을 두어 높이를 올리면 더 많은 체중이 실려 난이도가 굉장히 높아지니 주의하길 바란다. 이 운동은 필자도 힘들다. 충분한 근력이 갖춰졌을 때 도전하자.

# Chin up
## 친업

일반적인 풀업보다는 조금 쉬운 동작이다. 하지만 여전히 어려운 동작인 만큼 맨몸 컬 운동을 통해 충분한 근력을 기른 뒤 친업으로 넘어오길 바란다. 철봉이 필요한 동작이니 집에 철봉이 없다면 철봉이 있는 학교나 공원으로 나가자.

## 시작 전, 이준명이 알려줄게

**1** 철봉을 잡는 양손의 모양은 손바닥이 얼굴로 향하는 언더 그립으로 한다.

**2** 동작 시에 팔꿈치가 양옆으로 벌어지지 않도록 한다.

**3** 목과 어깨 사이의 공간이 좁아지지 않도록 한다.

**4** 팔을 끝까지 굽히는 최대 수축 지점에서 팔꿈치가 뒤로 당겨지지 않도록 한다.

## 초급자는 이것부터 연습하자

초급자는 180쪽 맨몸 컬 1단계 〈엉덩이 대고 맨몸 컬〉을 20개까지 성공시킨 후 친업 1단계를 시도해보자.

# >> 1단계
## Chin up hold 친업 홀드

**1** 양손을 어깨너비 정도로 벌리고, 철봉에 매달린다.

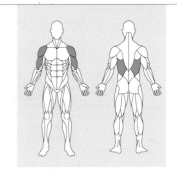

**2** 팔꿈치를 고정한 상태에서 철봉 가까이 몸을 당겨 버틴다. 이때 팔꿈치가 굽혀지는 각도
를 맨 처음 120도, 그다음 90도와 60도로 각각 연습한다.

**TIP**

점프해서 매달릴 때 철봉에 얼굴이 부딪치지 않도록
주의하며 최대한 오래 매달리도록 해보자.

# >> 2 단계
## Chin up negative 네거티브 친업

**1** 양손을 어깨너비 정도 벌리고 점프해서 철봉에 매달린 다음 철봉 가까이 몸을 당긴다. 이때 팔꿈치가 굽혀지는 각도는 60도 정도가 적당하다.

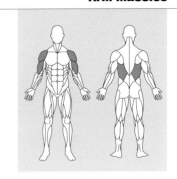

### TIP

너무 빠르게 떨어진다면 1단계로 돌아가 더 연습하고 오길 바란다. 어깨 관절에서 뚝뚝 소리가 나거나, 통증이 있거나, 유연성이 부족한 사람은 내려왔을 때 팔을 다 펴지 않는다.

**2** 팔꿈치를 고정한 상태에서 천천히 내려오고 다시 올라가기를 반복한다.

# >> 완성

## Chin up 친업

**1** 양손을 어깨너비 정도로 벌리고, 철봉에 매달린다.

192

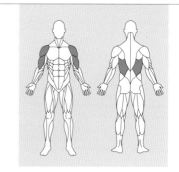

**TIP**

몸을 당기며 팔꿈치를 끝까지 접으면
부상 위험이 높아지니 주의하자.

**2** 팔꿈치를 고정한 상태에서 철봉 가까이 몸을 당긴다.

# >> 심화
## Weighted chin up 중량 친업

**1** 중량을 추가한 상태에서 양손을 어깨너비 정도로 벌리고, 손바닥이 얼굴로
오도록 점프해서 철봉에 매달린다.

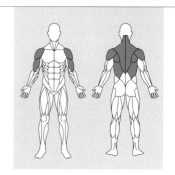

**TIP**

자신의 체중만으로 더 이상 자극이 오지 않는다면
적당한 중량을 추가해서 시도하자.

**2** 팔꿈치를 고정한 상태에서 철봉 가까이 몸을 당긴다.

# Chest muscles
## 가슴 근육

# 단단한 가슴 근육을 위한 맨몸운동 진행 단계

## Push up

### 1단계

**Incline push up**

15회씩 5세트, 세트당 1분 30초 휴식
성공하면 2단계 시작

### 2단계

**Knee push up**

12회씩 5세트, 세트당 1분 휴식
성공하면 완성 단계 시작

### 완성

**Push up**

10회씩 5세트, 세트당 1분 휴식
성공하면 심화 단계 시작

## Dips

### 1단계

**Bench dips**

20회씩 5세트, 세트당 1분 30초 휴식
성공하면 2단계 시작

### 완성

**Dips**

10회씩 5세트, 세트당 1분 휴식
성공하면 심화 단계 시작

# Push up
# 푸시업

그저 엎드려서 본능적으로 팔만 굽혔다 펴는 푸시업은 잊어라. 여러 관절을 복합적으로 사용하여 제대로 된 푸시업을 하기 위해서는 신경 써야 할 것들이 많다. 아래 안내 사항을 꼼꼼히 읽고 동작을 수행해보자. 팔을 편다는 느낌보다는 손으로 바닥을 미는 느낌으로 올라오는 것이 중요하다.

## 시작 전, 이준명이 알려줄게

**1** 바닥을 짚는 양쪽 손바닥의 위치와 손가락 방향은 모두 일치시킨다. 양손의 간격은 어깨너비보다 반 뼘에서 한 뼘 정도 넓게 짚는다. 그 이상은 벌리지 않는다.

**2** 바닥을 짚는 손가락은 살짝 구부려주는 것이 좋다.

**3** 손목이 아프다면 손바닥 아래에 수건을 두어, 손바닥에 경사를 만들어준다.

**4** 팔꿈치가 몸통 쪽으로 너무 가까워지면 손목의 부상 위험이 커지고, 반대로 너무 멀어지면 어깨의 부상 위험이 커진다. 팔꿈치의 각도는 40~75도 범위로 제한한다.

**5** 바닥을 짚고 푸시업을 할 때 엄지두덩 쪽에 체중을 많이 실어야 한다.

**6** 어깨가 말리지 않도록 가슴을 편다.

**7** 동작 수행시 견갑골이 뜬다면 아래 초급자를 위해 소개한 스캐퓰러 푸시업을 통해 전거근을 강화해보자.

**8** 골반 중립을 통해 허리를 일자로 유지한다.

**9** 양발을 가지런히 모아 바닥을 지지하는 위치가 서로 일치하도록 한다.

**10** 코어에 긴장을 유지하여 상체와 하체가 동시에 내려가고 올라가야 한다.

**11** 동작 수행 시 팔꿈치가 좌우로 심하게 흔들리지 않도록 최대한 고정시킨다. 또한 팔꿈치가 과도하게 뒤로 빠지지 않도록 한다.

## 초급자는 이것부터 연습하자

어깨의 유연성을 늘리고 견갑골 전인 동작을 이해하기 위해 스캐퓰러 푸시업을 연습한다. 견갑골 전인 동작을 이해했다면 벽 푸시업으로 넘어간다.

### ≫ Scapula push up 스캐퓰러 푸시업

**1** 양손을 가슴 양옆 바닥에 두고, 푸시업 자세를 잡는다.

**2** 견갑골을 뒤로 모았다가 앞으로 내민다. 이때 가슴이 오목하게 들어가는 느낌과 견갑골이 양옆으로 벌어지며 앞으로 나가는 느낌을 받아야 한다. 어깨 사이가 좁아지지 않도록 주의한다.

### ≫ Wall push up 벽 푸시업

**1** 양손의 간격을 어깨너비보다 한 뼘 넓게 하고 양손의 높이는 어깨보다 낮게 하여 벽을 짚는다. 발을 몸통보다 조금 뒤에 두어 벽에 기댄다.

**2** 견갑골 하강 상태를 유지하면서 팔을 굽혀 얼굴이 벽에 닿기 직전까지 갔다가 제자리로 돌아온다.

# ≫ 1단계

## Incline push up 인클라인 푸시업

**1** 양손을 책상에 대고 엎드린다. 양발은 가지런히 모은다.

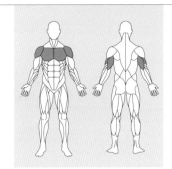

**TIP**

주변을 둘러봐라. 내 수준에 맞게 높낮이를 조절할 수 있는
것들은 많다. 책상, 의자, 소파 등을 활용하자.

**2** 팔을 굽혀 가슴이 책상에 닿기 직전까지 상체를 숙인 다음 제자리로 돌아온다.

# >> 2 단계
## Knee push up 니 푸시업

**1** 무릎을 바닥에 대고 엎드려 양손은 가슴 옆을 짚는다.

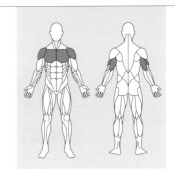

**TIP**
무릎을 굽혀도 골반 중립이 풀려선 안 된다.
주의하도록 하자.

**2** 팔을 굽혀 얼굴이 바닥에 닿기 직전까지 상체를 숙인 다음 제자리로 돌아온다.

# >> 완성

## Push up 푸시업

**1** 양손으로 가슴 옆을 짚고 엎드린다.

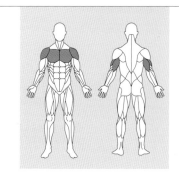

**TIP**

만약 푸시업이 제대로 되지 않는다면 다시 앞으로 돌아가자.
높은 단계를 수행하는 것보다 낮은 단계를 올바른 자세로 수
행하는 것이 더 중요하다.

**2** 팔을 굽혀 얼굴이 바닥에 닿기 직전까지 상체를 숙인 다음 제자리로 돌아온다.

# >> 심화

## Decline push up 디클라인 푸시업

**1** 양손은 가슴 옆을 짚고 양발은 의자 또는 책상 위에 올려 엎드린다.

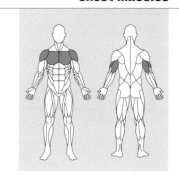

## TIP

손목과 상체의 각도에 신경을 많이 써야 한다. 손바닥 아래에 수건을 깔아 경사를 만들면 더 편할 것이다. 디클라인 푸시업은 하체의 높이가 높을수록 체중이 더 많이 실리게 되어 가슴에 더 많은 저항이 생긴다. 가슴의 각도를 조절해 실행한다면 윗가슴까지 단련할 수 있을 것이다.

**2** 팔을 굽혀 얼굴이 바닥에 닿기 직전까지 상체를 숙인 다음 제자리로 돌아온다.

# Dips
## 딥스

3대 맨몸운동 중 하나인 딥스는 대흉근과 상완삼두근 발달에 효과적인 동작이다. 정확한 자세로
수행하지 않으면 독이 될 수 있다. 물론 다른 동작들도 그렇지만 딥스는 특히 더 조심해야 한다.

### 시작 전, 이준명이 알려줄게

**1** 어깨를 감싸는 근육에 긴장을 풀지 말고, 내려
갈 때와 올라갈 때 모두 힘을 주고 수행한다.
초급자들은 대개 내려갈 때 힘을 풀곤 하는데
이때 부상을 당하기 쉽다.

**2** 귀와 어깨 사이의 공간이 좁아지지 않도록 한다.

**3** 어깨가 과도하게 앞으로 말리지 않도록 한다.

**4** 수행 시 팔꿈치가 과도하게 뒤로 빠지지 않도록 한다.

**5** 머리를 과하게 젖히지 않도록 한다.

## 초급자는 이것부터 연습하자

견갑골의 견봉(Acromion)과 상완골두(Humeral head) 사이에는 약간의 공간이 있다. 이 공간으로 여러 구조물이 지나가는데, 잘못된 자세로 딥스 동작을 수행하게 되면 공간이 좁아지면서 구조물을 압박하여 부상을 일으키기 쉽다. 따라서 딥스 동작을 할 때는 귀와 어깨 사이의 공간을 확보하고 어깨 근육의 긴장을 계속 유지해야 한다. 어깨의 유연성이 좋지 않은 사람은 아래 스트레칭을 통해 유연성을 기른 다음 시도하길 바란다.

### ≫ 어깨 스트레칭

**1** 바닥에 편하게 앉아 무릎을 세운 다음 손은 엉덩이 뒤쪽을 짚는다.

**2** 그 자세에서 조금씩 손을 뒤로 보내 몸에서 멀어진 다음 10~30초 유지한다. 한 번에 많이 늘이지 말고 서서히 늘인다.

# >> 1 단계
## Bench dips 벤치 딥스

**1** 양손으로 몸 뒤쪽에 있는 책상을 짚고 기댄다. 골반은 중립을 유지하며 몸통은 일자로 쭉 뻗어 발뒤꿈치로만 땅을 딛는다.

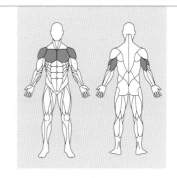

**2** 팔꿈치가 좌우로 흔들리지 않도록 적절히 고정한 뒤 자세가 흐트러지지 않는 선에서 내려갈 수 있는 만큼 내려간다. 손으로 책상을 강하게 누르며 제자리로 올라온다.

### TIP

책상을 짚는 손의 모양은 사진처럼 양쪽 엄지가 서로 마주 보도록 하고, 양손의 간격은 어깨너비보다 살짝 넓게 벌린다. 동작 수행 시 가슴이 과도하게 말리거나 펴지지 않도록 주의하자. 어깨가 유연하지 않다면 조금 덜 내려가도 된다. 팔꿈치의 위치가 헷갈린다면 영상을 찍어서 확인하면서 해보자.

# » 완성

## Dips 딥스

**1** 어깨부터 손까지 수직이 되도록 하여 평행봉에 올라선다. 가슴이 과
도하게 말리거나 펴지지 않도록 주의하자.

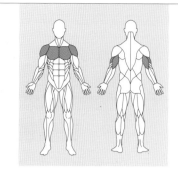

**TIP**

내려가는 동안 팔꿈치가 과하게 뒤로 빠지거나 어깨가 앞으로 말리는 것을 주의하자. 다만 운동 경험과 근력이 부족하면 팔꿈치가 약간 뒤로 빠질 것이다. 이는 과도기에 나타나는 자연스러운 현상이니 걱정하지 말자.

**2** 자세가 흐트러지지 않는 선에서 팔을 굽혀 내려갈 수 있는 만큼 내려간다. 올라올 때는 잡고 있는 봉을 강하게 누르는 느낌으로 팔을 편다.

# ≫ 심화

## Weighted dips 중량 딥스

**1** 중량을 추가한 뒤 어깨부터 손까지 수직이 되도록 하여 평행봉에 올라선다.
가슴이 과도하게 말리거나 펴지지 않도록 주의하자.

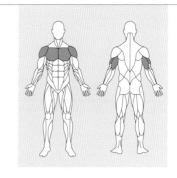

**2** 자세가 흐트러지지 않는 선에서 팔을 굽혀 내려갈 수 있는 만큼 내려간다.
올라올 때는 잡고 있는 봉을 강하게 누르는 느낌으로 팔을 편다.

# Hip & Leg
## 탄탄한 하체

# 탄탄한 하체를 위한 맨몸운동 진행 단계

## Lunge

### 1단계

**Shallow lunge**

15회씩 5세트, 세트당 1분 휴식
성공하면 완성 단계 시작

### 완성

**Lunge**

12회씩 5세트, 세트당 1분 휴식
성공하면 심화 단계 시작

## Squat

### 1단계

**Shallow Squat**

30회씩 5세트, 세트당 1분 휴식
성공하면 2단계 시작

### 2 단계

**Squat**

20회씩 5세트, 세트당 1분 휴식
성공하면 완성 단계 시작

### 완성

**Deep squat**

10회씩 5세트, 세트당 1분 휴식
성공하면 심화 단계 시작

# Calf raise

## 1단계

## Wall calf raise

20회씩 5세트, 세트당 1분 휴식
성공하면 2단계 시작

## 2단계

## Wall one leg calf raise

15회씩 5세트, 세트당 1분 휴식
성공하면 완성 단계 시작

## 완성

## One leg calf raise

최종목표 :
12회씩 5세트, 세트당 1분 휴식

# Lunge
## 런지

누구나 쉽고 간편하게 할 수 있는 하체 운동이지만 그만큼 잘못된 자세로 하는 경우도 너무 많다. 무릎이 양옆으로 흔들리지 않고, 체중이 발바닥 앞쪽에 30~40%, 뒤꿈치에 60~70%로 분배되어 전체에 골고루 실릴 수 있도록 하는 게 중요하다.

## 시작 전, 이준명이 알려줄게

**1** 발과 무릎의 위치가 일직선이 되도록 한다.

**2** 체중을 뒤쪽 다리보다 앞쪽 다리에 더 많이 실어주도록 한다.

**3** 발은 정면을 향해 딛는다. 엄지발가락이 12시 방향을 향하면 된다. 다만 절대적인 위치는 아니다. 사람마다 편한 자세가 다르기 때문에, 발바닥 위치가 어색하거나 불편한 사람들은 발바닥 방향을 이리저리 돌려보며 본인이 편한 위치를 찾도록 한다.

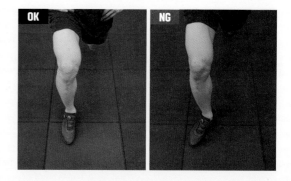

**4** 자세를 잡았을 때 골반이 비틀려 있으면 안 된다. 골반이 정면을 향해야 한다.

**5** 양발의 폭은 자신의 어깨너비에서 한 뼘 정도 더 넓게 벌린다. 앉을 때 엉덩이가 일직선으로 내려가야 한다. 무게 중심점이 수직 선상에서 탈선하지 않도록 한다.

**6** 내려갈 때 상체를 너무 앞으로 숙이지 않도록
한다.

**7** 동작 수행 시 무릎이 좌우로 심하게 흔들리지
않도록 한다. 약간의 움직임은 괜찮다.

**8** 앞쪽 발은 땅을 딛고 있는 발바닥 전체가 땅에 닿아 체중이 골고루 길려야 한다. 또한 동작 수행 시 뒤꿈치로만 딛고 올라오지 않는다. 다만 뒷쪽 발은 발바닥 앞쪽으로만 땅을 딛는다.

# >> 1단계
## Shallow lunge 쉘로우 런지

**1** 양발을 어깨너비보다 한 뼘 정도 넓게 벌리고 선 다음 왼발을 뒤로 크게 한 발 보낸다.

**TIP**

체중이 앞쪽 다리에 더 많이 실리도록
신경 쓴다.

**2** 앞쪽 무릎이 과도하게 앞으로 나가지 않도록 주의하면서 천천히 내려갔다
가 올라온다. 반대쪽도 똑같이 한다.

# >> 완성

## Lunge 런지

**1** 양발을 어깨너비보다 한 뼘 정도 넓게 벌리고 선 다음 왼발을 뒤로 크게 한 발 보낸다.

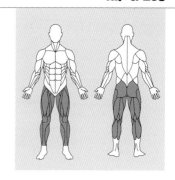

**2** 앞쪽 무릎이 과도하게 앞으로 나가지 않도록 주의하면서 왼쪽 무릎이 바닥에 닿기 직전까지 내려갔다가 올라온다. 반대쪽도 똑같이 한다.

## >> 심화

# Bulgarian lunge 불가리안 런지

**1** 양발을 어깨너비보다 한 뼘 정도 넓게 벌리고 선 다음 왼발을 뒤쪽 의자에 올린다.

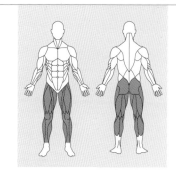

**TIP**

의자에 뒷쪽 다리를 올리게 되면 더 많은 체중이 앞쪽
다리에 실리게 될 것이다. 의자에 올린 다리는 균형을
잡기 위한 정도로만 체중을 실어야 한다.

**2** 앞쪽 다리의 각도가 90도가 되도록 내려갔다가 올라온다. 반대쪽도 똑같
이 한다.

# Squat
## 스쿼트

올바른 자세로 수행하기 정말 어려운 운동이 스쿼트다. 수없이 많은 연습이 필요할 것이다. 처음 시작할 때 습관을 잘못 들이면 고치기 어렵다. 반드시 아래 안내 사항을 숙지한 다음 시작해보자. 대퇴골이 과도하게 긴 사람이나, 고관절이 뻣뻣한 사람, 발목의 유연성이 좋지 않은 사람, 깊이 앉지 못하는 사람들은 아래 QR 영상을 참고하도록 하자.

## 시작 전, 이준명이 알려줄게

**1** 엄지발가락은 각각 11시와 1시 방향을 향하게 하자.

**2** 런지와 동일하게 발바닥 모든 부분이 땅에 닿아야 하며, 발바닥 전체에 모두 체중을 실어야 한다. 절대 뒤꿈치만으로 일어나지 않는다. 앉았다 일어날 때 무릎이 좌우로 심하게 흔들리지 않도록 한다.

234

## 초급자는 이것부터 연습하자

발목 유연성이 부족하거나 고관절이 뻣뻣하여 깊이 내려가지 못하는 사람들은 스트레칭으로 유연성을 늘린 뒤 동작을 수행하도록 하자.

### ≫ 발목 스트레칭

**1** 똑바로 서서 한쪽 발을 앞으로 내디딘다.

**2** 발바닥을 보여주듯이 바깥으로 발목을 꺾는다.

**3** 안쪽으로 발목을 꺾는다.

### ≫ 종아리 스트레칭

**1** 기둥이나 철봉을 잡고 선다.

**2** 오른발을 한 걸음 뒤로 보낸 뒤 오른쪽 다리를 곧게 편다. 10~30초 유지한 다음 반대쪽도 똑같이 한다.

# ≫ 1 단계
## Shallow squat 쉘로우 스쿼트

**1** 양발을 어깨너비 정도로 벌리고 무릎을 30도 정도 구부린다. 양손으로 무릎을 짚는다.

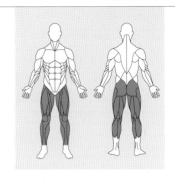

**2** 엉덩이만 가볍게 앉았다 일어나기를 반복한다.

# >> 2 단계
## Squat 스쿼트

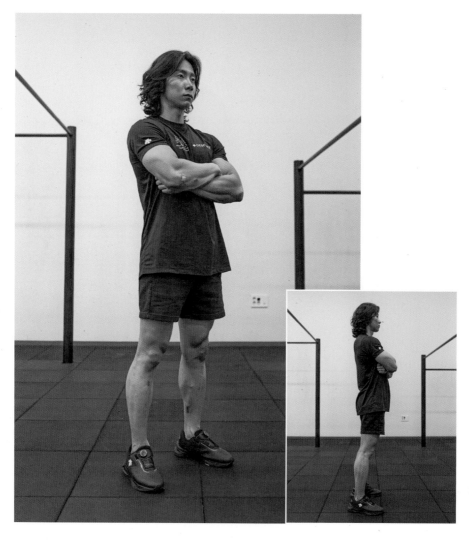

**1** 양발을 어깨너비 정도로 벌리고 팔짱을 끼고 선다.

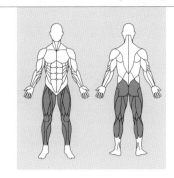

## TIP

앉으면서 고관절과 슬관절이 동시에 구부러지고, 일어나면서 고관절과 슬관절이 동시에 펴져야 한다. 이는 스쿼트의 모든 단계에서 동일하게 적용된다.

**2** 무릎이 90도 정도 구부러지도록 앉았다 일어나기를 반복한다.

# **>> 완성**

## Deep squat 딥 스쿼트

**1** 양발을 어깨너비 정도로 벌리고 팔짱을 끼고 선다.

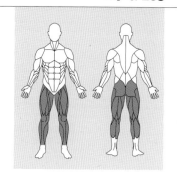

**2** 고관절이 무릎의 높이와 평행해지는 위치까지 앉았다 일어나기를 반복한다.

# ≫ 심화

## Full squat 풀 스쿼트

**1** 양발을 어깨너비 정도로 벌리고 팔짱을 끼고 선다.

**TIP**

동작을 수행하면서 힘이 풀리는 구간이
전혀 없어야 한다.

**2** 허리가 굽지 않고 골반 후방경사가 심해지지 않는 깊이까지 최대한 내려
갔다가 일어나기를 반복한다.

# Calf raise
## 카프 레이즈

걸을 일이 없어진 요즘, 현대인의 발목은 점점 약해지고 있다. 이 운동을 통해 강인한 발목과 탄탄한 발바닥을 만들어보자.

## 시작 전, 이준명이 알려줄게

**1** 발바닥에는 3가지 활이 있다. 안쪽 세로활, 바깥쪽 세로활, 가로활. 카프 레이즈는 세로활 2가지를 강화할 수 있다. 발바닥의 안쪽 세로활, 바깥쪽 세로활을 번갈아 가며 단련시킨다.

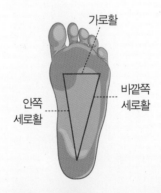

**2** 쥐가 내릴 수 있으니 발뒤꿈치를 과도하게 올리는 것을 피해야 한다.

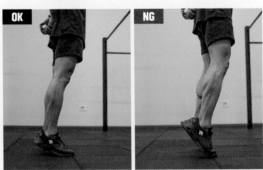

**3** 운동을 수행하며 발목에 긴장 풀지 않는다.

**4** 운동 속도를 빠르게 하지 않는다.

## 초급자는 이것부터 연습하자

초급자는 발목 스트레칭과 종아리 스트레칭으로 유연성을 먼저 기르자.

### >> 발목 스트레칭

**1** 똑바로 서서 한쪽 발을 앞으로 내디딘다.

**2** 발바닥을 보여주듯이 바깥으로 발목을 꺾는다.

**3** 안쪽으로 발목을 꺾는다.

### >> 종아리 스트레칭

**1** 기둥이나 철봉을 잡고 선다.

**2** 오른발을 한 걸음 뒤로 보낸 뒤 오른쪽 다리를 곧게 편다. 10~30초 유지한 다음 반대쪽도 똑같이 한다.

# >> 1단계
## Wall calf raise 벽 카프 레이즈

**1** 양발을 골반너비만큼 벌린 뒤 양손은 벽을 짚어 지지한다.

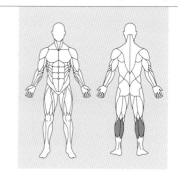

**TIP**

동작을 수행하며 발바닥의 안쪽 세로활과
바깥쪽 세로활이 모두 강화되도록 양쪽을
번갈아 똑같이 자극한다.

**2** 까치발을 들었다가 천천히 내려온다. 발뒤꿈치는 바닥에 닿지 않
고 살짝 띄워서 버틴다.

# ≫ 2 단계
## Wall one leg calf raise 벽 원 레그 카프 레이즈

**1** 양발을 골반너비만큼 벌린 뒤 왼쪽 다리를 접어 올린다. 양손은 벽을 짚어 지지한다.

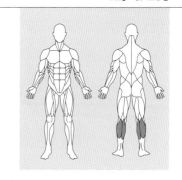

TIP
동작을 수행하며 발바닥의 안쪽 세로 활과 바깥쪽 세로 활이 모두 강화되도록 양쪽을 번갈아 똑같이 자극한다.

**2** 까치발을 들었다가 천천히 내려온다. 발뒤꿈치는 바닥에 닿지 않고 살짝 띄워서 버틴다. 반대쪽도 똑같이 한다.

## >> 완성
# One leg calf raise 원 레그 카프 레이즈

**1** 양발을 골반너비만큼 벌린 뒤 왼쪽 다리를 접어 올린다. 양손은 뒷짐을 진다.

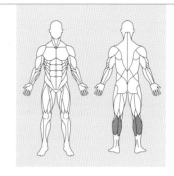

TIP

동작을 수행하며 발바닥의 안쪽 세로활과
바깥쪽 세로활이 모두 강화되도록 양쪽을
번갈아 똑같이 자극한다.

**2** 까치발을 들었다가 천천히 내려온다. 발뒤꿈치는 바닥에 닿지 않
고 살짝 띄워서 버틴다. 반대쪽도 똑같이 한다.

# CHAPTER 4

## 맨몸운동
## 심화 과정

# 심화 맨몸운동을 위한 진행 단계

## Muscle up

### 1단계
**Jump muscle up**

5~7회씩 5세트, 세트당 2분 휴식
성공하면 2단계 시작

### 2단계
**Muscle up negative**

7회씩 5세트, 세트당 2분 휴식
성공하면 3단계 시작

## Handstand

### 1단계
**Handstand on wall 1**

7회씩 5세트, 세트당 1분 휴식
성공하면 2단계 시작

### 2단계
**Handstand kick**

7회씩 5세트, 세트당 1분 30초 휴식
성공하면 3단계 시작

## Planche

### 1단계
**Tuck planche**

20~30초씩 5세트, 세트당 3분 휴식
성공하면 2단계 시작

### 2단계
**Wall leaning planche**

30초씩 5세트, 세트당 3분 휴식
성공하면 3단계 시작

### 3~4 단계
# High pull up 1, 2
10회씩 5세트, 세트당 2분 휴식
성공하면 완성 단계 시작

### 완성
# Muscle up
최종목표 :
5회 연속 수행

 ### 3~4 단계
# Handstand on wall 2, 3
30초씩 5세트, 세트당 1분 30초 휴식
성공하면 완성 단계 시작

### 완성
# Handstand
최종목표 :
20초 버티기

 ### 3 단계
# Straddle planche
15초씩 5세트, 세트당 4분 휴식
성공하면 완성 단계 시작

### 완성
# Full planche
최종목표 :
3초 버티기

# Muscle up
## 머슬업

# Muscle up
## 머슬업

상체와 코어의 힘으로 철봉을 강하게 끌어당겨 철봉 위로 올라가는 동작이다. 기본 근력이 갖춰지지 않은 상태에서 수행한다면 손목과 어깨를 다칠 수 있으니 충분한 근력을 만든 뒤 시도해보길 바란다.

## 시작 전, 머슬업에 필요한 핵심 근육 키우기

### >> 광배근

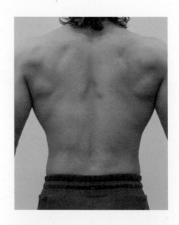

머슬업 동작 초반의 풀업 구간에서 철봉 위로 올라가는 전환 구간까지 쓰이는 근육이다. 이 근육이 약하면 강하게 당기는 동작이 불가능하다. 96쪽 풀업<sup>Pull up</sup> 운동을 통해 광배근을 강화하자.

### >> 상완이두근

머슬업 동작 초반 풀업 구간에서 광배근과 함께 몸을 당기는 역할을 한다.

### ≫ 상완삼두근

철봉 위로 올라가는 전환 구간에서 쓰이는 가장 중요한 근육으로 팔꿈치 각도를 고정하고, 철봉을 찍어 누르는 역할을 한다.
160쪽 엘보 푸시업Elbow push up과 178쪽 맨몸 컬Calisthenics curl을 통해 상 완삼두근과 상완이두근을 강화하자.

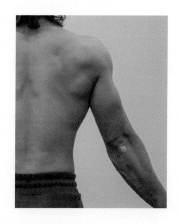

### ≫ 복근

철봉 위로 올라가는 전환 구간 직전에 허리를 순간적으로 말아주며 무릎 을 강하게 끌어당겨 위로 올라가는 반동을 더해주는 역할을 한다.
68쪽 행잉 레그 레이즈Hanging leg raise를 통해 복근을 강화하자.

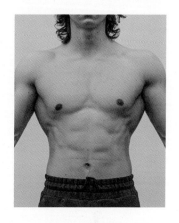

### ≫ 삼각근 · 대흉근

전환 구간 이후에 굽은 팔을 펴서 동작을 마무리하는 역할을 한다.
200쪽 푸시업Push up과 212쪽 딥스Dips를 통해 삼각근과 대흉근을 강화 하자.

## 시작 전, 이준명이 알려줄게

**1** 가슴과 철봉 사이의 간격을 너무 가깝게 하지 않는다. 가슴을 펴고 허리를 일자로 유지하며, 견갑골을 뒤로 모으는 풀업 동작이 나오면 머슬업을 할 수 없다. 기존에 연습하던 풀업은 잊어라.

**2** 복근의 힘을 활용해라. 하체의 힘으로만 무릎을 당긴다면 반동이 부족해진다. 꼭 복근을 사용하여 하체를 당기는 연습을 해보자.

**3** 코어의 힘으로 무릎을 강하게 몸 쪽으로 끌어당겨 반동을 세게 만들어야 효율적인 머슬업 연습이 가능하다. 수박을 잡고 니킥하는 상상을 해보라.

**4** 철봉 위로 올라가는 전환 구간에서 상체를 숙여라. 머슬업을 실패하는 이유는 여러 가지가 있다. 그중 거의 성공 직전에 실패한다면 상체가 꼿꼿하게 세워져 있지는 않은지 확인해볼 필요가 있다.
인사하듯 상체를 숙여 무게 중심을 옮겨준다면 전환 구간을 자연스럽게 넘어갈 수 있을 것이다.

## 시작 전, 이것부터 연습하자

철봉 위로 올라가는 전환 구간 전에 할로우 자세를
만들어 가슴이 철봉에 닿지 않도록 해야 한다. 가
슴과 철봉 사이가 최소 10cm 이상의 간격을 유지
하는 연습을 해보자.

# >> 1단계
## Jump muscle up 점프 머슬업

**1** 양손을 어깨너비보다 한 뼘 넓게 벌려
낮은 철봉을 잡는다.

**2** 반동을 주어 점프하며 철봉 위로 올라간다.

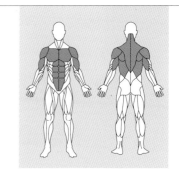

**TIP**

동작이 익숙해지면 점점 더 높은 철봉에서
연습하고, 올라간 뒤 딥스Dips까지 한다면
더 효율적인 머슬업 훈련이 될 것이다.

**3** 가슴이 철봉 높이보다 높아질 때 양손으로 철
봉을 찍어 누르며 상체를 앞으로 숙인다.

**4** 3번 동작에서 자연스럽게 이어지며 팔을
쭉 뻗어, 양손으로 철봉 위에 선다.

# >> 2 단계
## Muscle up negative 머슬업 네거티브

**1** 점프 머슬업의 마지막 자세에서 시작한다.

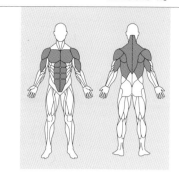

**TIP**

점프 머슬업의 동작을 반대로 수행하는 동작이다. 이는 연속적으로
머슬업을 하기 위해 꼭 필요한 동작이다. 머슬업의 궤도를 이해하고
있다면 쉽게 할 수 있을 것이다.

**2** 상체를 앞으로 숙이며 팔꿈치를 굽혀 반원을 그리며 아래로 내려간다.
이때 마지막까지 팔꿈치는 굽힌 상태를 유지한다.

# >> 3 단계
## High pull up 1 하이 풀업 1

**1** 양손을 어깨너비보다 한 뼘 넓게 벌려 철봉을 잡는다.

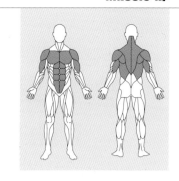

**2** 철봉에 매달려 반동을 준다

**3** 반동과 동시에 강하게 당기는 힘을 사용하여 명치를 철봉 높이까지 올린다.

# >> 4 단계
## High pull up 2 하이 풀업 2

**1** 양손을 어깨너비보다 한 뼘 넓게 벌려 철봉을 잡고 매달려 반동을 준다.

**2** 반동과 동시에 강하게 당기는 힘을 사용하여 배꼽을 철봉 높이까지 올린다.

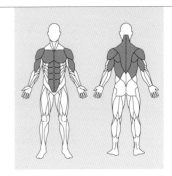

## TIP

원하는 높이까지 올라가기 어려울 땐 밴드 사용을 추천한다.

# ≫ 완성

## Muscle up 머슬업

**1** 양손을 어깨너비보다 한 뼘 넓게 벌려
철봉을 잡는다.

**2** 철봉에 매달려 팔꿈치와 무릎을 살짝 구부린 상태에
서, 고관절을 접어 무릎을 가슴으로 당기며 반동을 일
으킨다.

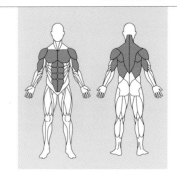

**TIP**

철봉에서 30cm 앞에 있는 가상의 작은 원을 발로 찍고 뒤쪽 대각선 방향으로 철봉을 당김과 동시에 무릎을 가슴 쪽으로 당긴다.

**3** 상체를 끌어올려 가슴이 철봉 높이보다 높아질 때 양손으로 철봉을 찍어 누르며 상체를 앞으로 숙인다.

**4** 3번 동작에서 자연스럽게 이어지며 팔을 쭉 뻗어, 양손으로 철봉 위에 선다.

# Handstand

## 핸드스탠드

# Handstand
## 핸드스탠드

손바닥을 발바닥처럼 사용하여 거꾸로 서는 행위를 물구나무서기라고 한다. 손목, 팔꿈치, 어깨, 허리, 엉덩이가 모두 안정적인 위치에 있어야 물구나무를 쉽게 설 수 있다.

## 시작 전, 핸드스탠드에 필요한 핵심 근육 키우기

### ≫ 삼각근

핸드스탠드 자세에서 가장 많은 부하를 받는 근육으로 제일 먼저 강화해야 하는 근육이다. 130쪽 파이크 푸시업Pike push up 운동을 통해 앞쪽과 중간의 삼각근을 단련해보자.

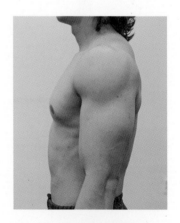

### ≫ 견갑거근 · 상부 승모근

물구나무 자세에서 어깨를 귀와 가깝게 붙여주는 근육이며 어깨가 아래로 처지지 않도록 잡아준다. 물구나무 자세에서 견갑골이 하강되면 어깨 관절의 공간이 좁아져 통증을 유발할 수 있다. 130쪽 파이크 푸시업Pike push up과 139쪽 스캐퓰러 푸시업Scapula push up 운동을 통해 견갑거근과 상부 승모근을 단련해보자.

## ≫ 손가락·손목굴곡근

초급자와 중급자에게 많이 사용되는 근육으로 무게 중심을 조절할 때 중요한 역할을 한다. 상급자로 갈수록 손가락보다는 손바닥 아래에 체중을 싣기 때문에 손가락굴곡근에 대한 부하는 줄어든다.
28쪽 손목 운동을 통해 손목굴곡근을 단련해보자.

## ≫ 상완삼두근

초보자는 물구나무설 때 팔을 굽히지 않아야 한다. 상완삼두근의 역할은 팔을 펴주는 역할을 한다. 160쪽 엘보 푸시업Elbow push up 운동을 통해 상완삼두근을 단련해보자.

## 시작 전, 이준명이 알려줄게

**1** 핸드스탠드는 손목과 어깨의 유연성을 많이 요구하는 동작이다. 손목과 어깨가 뻣뻣하다면 훈련의 효율이 떨어지고, 부상의 위험이 있으니 손목과 어깨 스트레칭을 필수로 삼는다.

**2** 핸드스탠드를 훈련할 때는 안전한 환경을 준비하는 것이 중요하다. 주변에 불필요한 구조물이 가까이 있다면 훈련에 방해가 될 수 있다. 발을 차올려 물구나무서거나, 착지할 때 다른 사물에 부딪치지 않도록 각별히 주의해야 한다. 벽이 없는 곳에서 연습할 때는 반드시 매트를 준비한다. 매트가 두려움을 없애는 데에도 도움이 될 것이다.

**3** 심리적으로 안정적인 상황에서 연습하자. 살면서 거꾸로 서본 적이 없는 사람이라면 처음 시도에서 넘어질 것 같은 두려움을 경험하게 될 것이다. 벽 물구나무 단계에서 두려움을 극복한다 해도 벽 없이 연습해야 하는 다음 단계에서 더 큰 두려움과 마주하게 될 것이다. 초보자에게 가장 어려운 부분이지만, 이 두려움을 극복해야 성공할 수 있다. 힘들 때는 파트너와 같이 연습하기를 권장한다.

**4** 초보자에게 가장 효율적인 방법은 일단 자주 거꾸로 서보는 것이다. 물론 핸드스탠드를 하기 위한 근력을 얻으려면 파이크 푸시업을 할 줄 알아야 하고, 그다음은 벽 물구나무를 설 줄 알아야 한다. 허리가 과하게 신전되거나, 팔이 과하게 굽혀질 정도로 근력이 부족한 상태가 아니라면 계속 거꾸로 서면서 감각을 깨우는 것이 좋다. 거꾸로 서는 것에 익숙해지면 그때 균형을 잡는 훈련으로 넘어가는 것이 좋다.

## 핸드스탠드 이것부터 연습하자

파이크 홀딩 자세에서 손과 발 사이의 거리를 점점 좁히는 전굴 자세를 만드는 연습을 해보자. 물구나무서는 데에 큰 도움이 된다.

# >> 1 단계
## Handstand on wall 1 벽 핸드스탠드 1

**1** 양손을 어깨너비 정도 벌려 바닥을 짚고 엉덩이를 위로 들어 올려
몸을 ㅅ자로 만든다. 손을 짚는 위치는 벽에서 한 뼘 정도의 거리가
좋다.

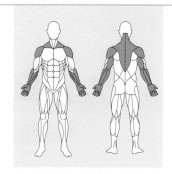

**TIP**

2번 과정에서 3번 과정으로 넘어가기 힘들다면
1~2번 과정만 반복해서 연습한다.

**2** 한 발을 벽으로 차올린다. 처음에는 발을
차는 강도를 조절하기 힘들다. 발뒤꿈치가
벽에 강하게 부딪치지 않도록 조심하자.

**3** 벽에 기대고 버틴다. 발뒤꿈치를 제외한 모든
신체 부위가 벽에서 떨어질 수 있도록 자세를
잡는다.

# ≫ 2 단계
## Handstand kick 핸드스탠드 킥

**1** 양손을 어깨너비 정도로 벌려 바닥을 짚고 엉덩이를 위로 들어 올려
몸을 ㅅ자로 만든다.

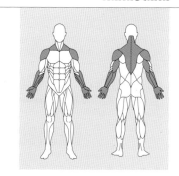

## TIP

차올린 다리만 몸과 수직으로 세워, 허리가 꺾이거나 몸이 뒤로 넘어가는 상황을 줄이기 위한 훈련이다. 안정감이 부족하게 느껴지면 양손의 간격을 어깨너비보다 한 뼘 정도 넓게 짚어보자.

**2** 한 발을 허공에 차올리며 몸과 수직으로 뻗는다. 몸과 발이 뒤로 넘어가지 않도록 차는 강도를 미세하게 조절해야 한다.

# >> 3 단계

## Handstand on wall 2 벽 핸드스탠드 2

**1** 양손을 어깨너비 정도로 벌려 바닥을 짚고 엉덩이를 위로 들어 올려 몸을 ㅅ자로 만든다. 손을 짚는 위치는 벽에서 한 뼘 정도의 거리가 좋다.

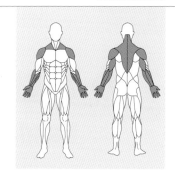

**TIP**

핸드스탠드를 수행하기 위해서는 벽에서 발을 떼는 것보다 벽에 기대 자세부터 완성하는 것이 좋다. 넘어질 것 같으면 곧바로 벽에 기댄다. 물구나무를 오래 서는 것보다 제대로 된 자세로 수행하는 것이 더욱 중요하다.

**2** 한 발을 벽으로 차올린다. 처음에는 발을 차는 강도를 조절하기 힘들다. 뒤꿈치가 벽에 강하게 부딪치지 않도록 조심하자.

**3** 발뒤꿈치만 벽에 기대 물구나무선 다음 완성 자세를 연습한다. 닫힌 어깨를 열고, 허리와 골반, 무릎을 수직으로 곧게 펼 수 있어야 한다.

# >> 4 단계

## Handstand on wall 3 벽 핸드스탠드 3

**1** 양손을 어깨너비 정도로 벌려 바닥을 짚고 엉덩이를 위로 들어 올려 몸을 ㅅ자로 만든다. 손을 짚는 위치는 벽에서 한 뼘 정도의 거리가 좋다.

**2** 한 발을 벽으로 차올린다. 처음에는 발을 차는 강도를 조절하기 힘들다. 뒤꿈치가 벽에 강하게 부딪치지 않도록 조심하자.

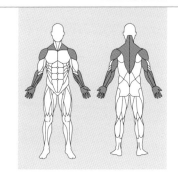

**3** 발뒤꿈치를 벽에 기대고 버틴다. 발뒤꿈치를 제외한 모든 신체 부위가 벽에서 떨어질 수 있도록 자세를 잡는다.

**4** 이제 발뒤꿈치를 벽에서 띄운다. 넘어질 것 같으면 곧바로 다시 벽에 기댄다. 떼고 기대고를 반복하며 연습한다.

# » 완성

## Handstand 핸드스탠드

**1** 양손을 어깨너비 정도로 벌려 바닥을 짚고 엉덩이를 위로 들어 올려 몸을 ㅅ자로 만든다.

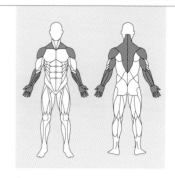

**2** 한 발을 허공에 차올리며 물구나무선다.

# — Planche

## 플란체

# Planche
## 플란체

맨몸운동의 끝판왕이라 불리는 플란체는 굉장한 난이도를 자랑한다. 아무리 낮은 단계부터 차근히 연습하더라도 부상을 늘 경계해야 하는 동작이다. 따라서 안내 사항이 더욱 많다. 꼼꼼히 읽어보도록 하자. 몇 년의 훈련 시간을 들여 완성하는 동작인 만큼 조급하게 생각하지 말고 현명하게 운동하길 바란다.

## 시작 전, 플란체에 필요한 핵심 근육 키우기

### ≫ 전거근

어깨를 전인할 때 중요하게 쓰이는 근육이며, 이 근육을 잘 사용한다면 플란체를 할 때 어깨를 안전하게 보호할 수 있고, 어깨에 더 견고한 힘을 줄 수 있다. 초급자의 경우 전거근이 활성화되기 전까지는 가슴 근육의 개입이 많다. 139쪽 스캐풀러 푸시업Scapula push up 운동으로 전거근을 단련해보자.

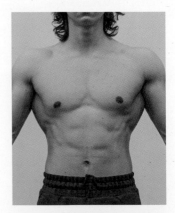

### ≫ 전면 · 측면 삼각근

플란체를 할 때 가장 많이 개입되는 근육으로, 기울이기 자세에서 상체가 앞으로 넘어지지 않게 제어하는 중요한 역할을 한다. 134쪽 ㄱ자 파이크 푸시업Feet elevated pike push up 운동을 통해 삼각근을 단련해보자.

## >> 상완이두근

어깨를 앞으로 기울일 때 삼각근과 함께 쓰이는 근육으로 이 근육이 약하면 플란체를 할 때 힘을 올바르게 사용하지 못하고, 팔이 펴지는 방향으로 체중이 과하게 실리면서 팔꿈치 주변의 연부 조직 손상과 상완이두근의 통증을 유발할 수 있다. 플란체 자세 특성상 관절이 과하게 쓰이는 것은 어쩔 수 없지만, 상완이두근을 최대한 많이 개입시키면 관절로 전달되는 부하를 최소화할 수 있다.

## >> 광배근

하부 승모근과 같이 어깨를 아래로 당겨주는 근육이며 어깨를 아래로 당겨줘야 플란체를 할 때 어깨가 잘 고정되어 안정성을 높일 수 있다. 76쪽 엘싯ᴸ⁻ ˢⁱᵗ 운동을 통해 광배근을 단련하도록 하자.

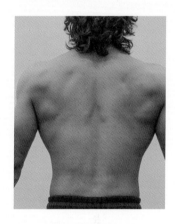

## 시작 전, 이준명이 알려줄게

**1** 플란체는 어깨를 앞으로 내미는 것과 동시에
아래로 당겨 '전인 하강' 자세를 유지해야 한다.

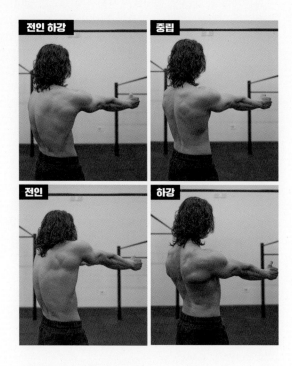

**2** 가슴 부위는 둥글게 말린 할로우 자세를 만들
도록 한다. 할로우 자세는 팔을 상대적으로 길
어지게끔 해주고 허리를 짧게 만들어 플란체
에 특화된 포지션을 갖추기 위함이다. 플란체
에서 어깨의 전인 하강과 가슴의 할로우 자세
는 필수적인 부분 동작이다.

**3** 머리는 숙이지 않고 약간 들어 올린다. 동작의 난이도가 높다 보니 세세하게 신경 쓰기 어려운 부분이지만 머리까지 컨트롤해야 온전한 플란체 자세를 유지할 수 있다. 보통은 푸시업 자세에서 기울이기만 해도 고개가 아래로 내려가면서 시선 처리가 어려워진다. 이때 턱이 아닌 머리 자체를 뒤로 당기고 시선을 전방 45도 각도로 유지해야 무게 중심과 시선 처리가 바르게 맞춰진다. 고개를 숙이면 상체의 무게 중심이 짧아지게 되고, 어깨가 기울어지는 각도는 더 커지게 되어 비효율적인 자세가 만들어지니 주의하도록 하자.

**4** 지렛대 원리가 작용되는 플란체는 손이 골반 쪽에 있어야 적절한 무게 중심이 만들어진다. 이때 상체와 코어의 힘이 받쳐준다면 다리를 자연스럽게 들 수 있다. 또한 팔은 최대한 편다. 팔을 굽히게 되면 지렛대의 이점을 이용할 수 없게 된다. 최대한 팔을 펴서 수행하자.

**5** 손목이 아프다면 손바닥의 포지션을 바꾼다. 플란체는 어깨가 손보다 앞으로 기울어져 있기 때문에 손목에 부담이 많이 가고, 그만큼 다치기 쉽다. 손목 통증이 발생한다면 양손 간격에 변화를 주거나, 손바닥을 옆으로 돌려서 엄지손가락이 12시 방향을 향하도록 해본다. 푸시업 바를 잡고 손목을 45도로 세워주면 손목의 통증이 줄어들 수 있다.

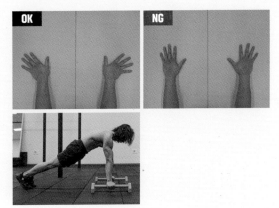

# >> 1 단계
## Tuck planche 턱 플란체

**1** 양손을 어깨너비 간격으로 벌려 엎드린다. 팔은 완전히 펴서 바깥으로 돌려 팔꿈치 안쪽이 45도 안쪽을 보도록 한다. 어깨는 전인 하강 상태를 유지한다.

**2** 무릎을 가슴 가까이 당겨 웅크린 자세를 만든다. 발가락으로 바닥을 앞으로 밀어내며 상체에 무게를 싣는다.

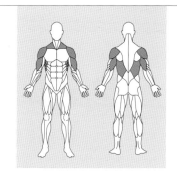

**3** 무릎을 완전히 접으며 양발을 띄운다. 자세가 흐트러지지 않도록 고정해주며 버틴다.

# >> 2 단계
## Wall leaning planche 벽 기울이기 플란체

**1** 발이 벽에 닿는 위치에서 양손을 어깨너비 간격으로 벌려 엎드린다. 팔은 완전히 펴서 바깥으로 돌려 팔꿈치 안쪽이 45도 안쪽을 보도록 한다. 어깨는 전인 하강 상태를 유지한다. 그리고 한 발을 벽에 붙인다. 이때 발의 높이는 뒤꿈치부터 꼬리뼈 위치까지 바닥과 수평을 이루도록 한다.

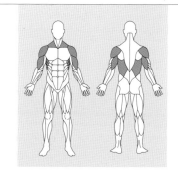

**2** 나머지 발도 벽에 붙여 플란체 자세를 완성한다.

**3** 2번 과정이 완벽해지면 까치발을 들어 팔의 기울기를 조절한다. 허리가 쉽게 꺾일 수 있으니 복근에 각별한 신경을 쓰도록 하자.

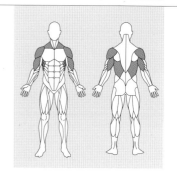

## TIP

2번과 3번 과정에 어려움이 있다면 벽에 기대는 다리의 높이를 조절해서 연습해보자. 다리를 높은 벽에 대고 하는 것부터 시작해서 점점 몸통과 수평이 되는 위치로 높이를 낮춰가며 수행한다.

# >> 3 단계
## Straddle planche 스트래들 플란체

**1** 양손을 어깨너비 간격으로 벌려 엎드린다. 팔은 완전히 펴서 바깥으로 돌려 팔꿈치 안쪽이 45도 안쪽을 보도록 한다. 어깨는 전인 하강 상태를 유지한다.

**2** 다리를 최대한 넓게 벌리고 엉덩이가 접히지 않도록 몸을 반듯하게 편다. 몸을 앞으로 충분히 기울인 후 뒤꿈치를 위로 올린다는 느낌을 갖고 엉덩이와 다리 뒷부분에 힘을 주어 발을 들어 올린다. 이때 고관절이 접히지 않도록 한다.

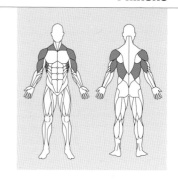

**3** 넓게 벌린 다리를 몸통과 수평이 되는 높이까지 올린다.

**TIP**

3번 과정에서 발을 수평 높이까지 들어 올리기 힘들 경우,
기울인 후 버티기만 먼저 연습한다. 그리고 조금씩 다리를
들어 올리는 훈련을 해보자.

# >> 완성

## Planchet 플란체

**1** 양손을 어깨너비 간격으로 벌려 엎드린 다음 두 다리를 모아 무릎을 앞으로 당긴다.

**2** 상체를 앞으로 기울이며 동시에 다리를 뒤로 쭉 뻗는다.

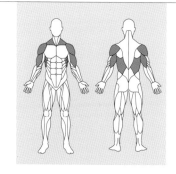

**3** 발뒤꿈치를 위로 올린다는 느낌으로 엉덩이와 다리 뒷부분에 힘을 주어 발을 들어 올린다.
머리부터 발끝까지 바닥과 수평이 되어야 한다.

**TIP**

다리를 띄우는 동작이 힘들다면 충분한 인내심을 가지고 다리를 모아서
띄울 수 있을 때까지, 3단계에서 다리의 폭을 점점 좁히는 훈련을 해보
자. 부상 위험이 높은 운동인 만큼 무리하지 않도록 주의한다.

# 이준명의
# 맨몸운동 BASIC

**펴낸날** 초판 1쇄 2023년 7월 1일 ㅣ 초판 4쇄 2024년 5월 30일

**지은이** 이준명
**감수** 김진석

**펴낸이** 임호준
**출판 팀장** 정영주
**책임 편집** 김은정 ㅣ **편집** 조유진 김경애
**디자인** 김지혜 ㅣ **마케팅** 길보민 정서진
**경영지원** 박석호 유태호 신혜지 최단비 김현빈

**인쇄** (주)상식문화

**펴낸곳** 비타북스 ㅣ **발행처** (주)헬스조선 ㅣ **출판등록** 제2-4324호 2006년 1월 12일
**주소** 서울특별시 중구 세종대로 21길 30 ㅣ **전화** (02) 724-7633 ㅣ **팩스** (02) 722-9339
**인스타그램** @vitabooks_official ㅣ **포스트** post.naver.com/vita_books ㅣ **블로그** blog.naver.com/vita_books

**ISBN** 979-11-5846-388-5  13690

비타북스는 독자 여러분의 책에 대한 아이디어와 원고 투고를 기다리고 있습니다.
책 출간을 원하시는 분은 이메일 vbook@chosun.com으로 간단한 개요와 취지, 연락처 등을 보내주세요.

**비타북스** 는 건강한 몸과 아름다운 삶을 생각하는 (주)헬스조선의 출판 브랜드입니다.